天津市宣传文化「五个一批」人才培养工程

古典

不乱弹

—— 欧阳的24堂古典音乐课

CLASSICAL
MUSIC

欧阳 ◎ 著

天津出版传媒集团

天津人民出版社

图书在版编目(CIP)数据

古典不乱弹 : 欧阳的 24 堂古典音乐课 / 欧阳著 . --
天津 : 天津人民出版社, 2021.9
　　ISBN 978-7-201-17467-9

　　Ⅰ . ①古… Ⅱ . ①欧… Ⅲ . ①古典音乐 – 音乐家 – 生
平事迹 – 世界 Ⅳ . ①K815.76

中国版本图书馆 CIP 数据核字 (2021) 第 141354 号

古典不乱弹
GUDIAN BU LUAN TAN

出　　　版　天津人民出版社
出 版 人　刘　庆
地　　　址　天津市和平区西康路 35 号康岳大厦
邮 政 编 码　300051
邮 购 电 话　（022）23332469
电 子 信 箱　reader@tjrmcbs.com

策 划 编 辑　任　洁
责 任 编 辑　张　璐
封 面 设 计　明轩文化·李慧

印　　　刷　天津海顺印业包装有限公司
经　　　销　新华书店
开　　　本　880 毫米 ×1230 毫米　1/32
印　　　张　7.5
字　　　数　150 千字
版 次 印 次　2021 年 9 月第 1 版　2021 年 9 月第 1 次印刷
定　　　价　68.00 元

献给我的孩子

愿你对音乐永远保持好奇与敬重之心

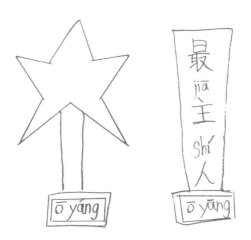

　　这是我的儿子在不到五岁的时候特别为我"制作"的一
张画，画的是我获得"最佳主持人"时的奖杯，上面还有他
用刚刚学会写的几个字和拼音写出的"最佳主持人"。这是
我最觉幸福与荣耀的时刻。

序

东东枪 / 文

电影《我的九月》里，新来的班主任高老师送给怯懦的小学生"安大傻子"一本书，书名叫《强人成功之道》。在电影里，这本薄薄的小册子鼓舞了"安大傻子"，改变了他，让他在那个重要的人生时刻散发出了自己的光芒。

类似的故事不只发生在电影里——不是常听一些有成就的人回忆往昔时提到吗，说自己的人生是被少年时读到的某一本书改变的。而他们所提到的那本书，也未必总是什么世界名著、传世经典。

我就总忍不住想，也许，有时，一

本书被印刷几十万册，实际上，只是为了改变那几十万读者中的某三五个人的命运。而作者劳心费力创作出一部作品，其真正的使命，也许只是在未来很多年后的某个夏天，帮帮远方某地一个怯懦的小男孩。

我不觉得这么说是看低了那些作品，我觉得这是件神奇的事，也是件伟大的事。

和很多人一样，我是从少年时代、十几岁时喜欢上音乐的，那时我收听音乐的主要途径就是广播电台里的音乐节目，从那时起，欧阳老师就是我在音乐方面的"领路人"。一些那时听到的知识、掌故，至今我还常津津乐道，一些在那时被熏陶出的欣赏习惯、辨别标准，现在还在影响着我的日常审美。

我一直为此感到庆幸，庆幸自己是个天津人，才能在当年就听到那么优质的音乐节目，通过空中的电波结识这样一位值得信赖的"音乐导师"——实话说，我也是后来到其他城市生活，做了些对比，才意识到原来这是十分难能可贵的机缘。

以欧阳老师的资历与勤奋，这些年里，收听过他的电台节目，获益于他的分享、熏陶的人，恐怕要以百万甚至千万计，不知其中有多少人曾与我一样暗暗感到庆幸，也不知其中有几位的人生曾因欧阳老师的节目，因为那些音乐而触动、改变。我想，一定是有的。一厢情愿地想，我可能也算是成百上千万听众中的那"三五位"之一吧？

现在，欧阳老师的新书面世了，翻阅书稿，我看到的还是当年那个热情四溢、风趣生动、广博深厚、对与音乐有关的一切问题都能驾轻就熟、如数家珍的欧阳老师。我想，多年以后，一定也会有人因读到过这些文字而感到庆幸，也一定会有某几位读者的人生被它们改变——希望他们有幸与这本书相遇吧。

多年前读到过一句话，似乎是一张

音乐专辑的文案——"当我们无路可走的时候，当我们说不出来的时候，音乐，愿你降临。"这话我一直记着，因为觉得它似乎很准确地说中了些什么，虽然被它说中的那个东西，并不是多么沉重的真理，而只是一个非常私人的、小小的感受。

　　感谢音乐一次次救你我于水火，感谢引领我们与音乐结识的人。

自 序

　　"古典音乐课"看似是个很宏大的标题，我的确也有把这本书弄成一部"宏伟巨著"的野心，但最后，我决定只写音乐史上最有名的两位父亲："近代音乐之父"约翰·塞巴斯蒂安·巴赫、"交响曲之父"约瑟夫·海顿。

　　这两位音乐史上的"父亲"都拥有非凡的音乐才华，任何一本音乐史专著里，这两个名字都得位居前列。现实中的"近代音乐之父"巴赫是名副其实的父亲——他有二十个孩子。海顿却没有孩子，不过莫扎特一直叫他"海顿爸爸"，他也愿意把自己的乐队成员们叫作孩子。

　　跟莫扎特、贝多芬相比，巴赫和海顿对普通乐迷来说，可能算得上是"最熟悉的陌生人"了：都知道他们的名字，都听说过他们的作品，但更多的信息可能就说不出了。

　　我并非专业的音乐人士，只是个电台的音乐节目编辑、主持人，相对于创作音乐，我更擅长介绍音乐。相对于用专业的音乐视角去分析经典音乐作品，我更倾向于讲故事，毕竟这本书是给普通乐迷看的。

　　用文字介绍音乐，其实就是"从茶里寻找石油"，不过还是希望您能在我的文字中有所收获。虽然现在已不是实体唱片时代，但我相信，大多数像我这样曾经通过唱片认识这些伟大音符的朋友还有很多。所以，介绍完每部作品之后，我都会写一些有关这些作品的我个人的唱片收藏情况，或许会有同道中人看到并产生共鸣，也可以给喜欢从网络下载的朋友提供一种选择的可能。

当然，我还是有些小小的期待：希望这本书只是一个开始，"两位父亲"之后，我愿意依次介绍音乐史上的那些巨人，不过，前提是这本书的销售数字不要太惨，您读了之后还有继续看"续集"的愿望。

虽然无法比肩"近代音乐之父"和"交响曲之父"，但我也是一位父亲，所以，这本书更是写给我的孩子。

其实喜欢音乐的你我一直都是孩子。

祝您阅读愉快！

目录

巴赫

巴 赫

Joh: Sebast: Bach

年轻的巴赫　真挚的音乐

　　德国音乐家约翰·塞巴斯蒂安·巴赫如今被尊称为"近代音乐之父"。可是巴赫在生前却从未得到过"音乐之父"的美誉，他自己也从未做过成为音乐史上"开山宗师"的美梦。

　　约翰·塞巴斯蒂安·巴赫生于 1685 年 3 月 21 日，出生在图灵根的爱森纳赫，是家里的小儿子。他的父亲也叫约翰，中间名是安布罗休斯，是一位口碑很好的器乐演奏家。巴赫的"老祖"，也就是第一代巴赫叫法伊特·巴赫，是职业面包师，也是一位音乐爱好者。据说他的这位叫法伊特的"老祖"在准备做面包的原材料时，也就是在磨坊里研磨玉米的时候，经常把吉他——其实是鲁特琴带在身边，在嘈杂的环境中随性弹奏，自得其乐。巴赫的太爷爷叫汉斯·卡斯帕·巴赫，是"老祖"法伊特·巴赫的孙子。汉斯·卡斯帕·巴赫的儿子，也就是巴赫的爷爷，叫克里斯托弗·巴赫。后来，爷爷有了一对双胞胎儿子，其中一位就是巴赫的父亲安布罗休斯，另一位是巴赫的伯父、安布罗休斯的双胞胎哥哥约翰·克里斯托弗·巴赫，用了他爷爷的名字做中间名。巴赫的父亲和伯父长得像极了，据说连巴赫的妈妈和婶婶都只能通过衣裳来辨认丈夫。巴赫的妈妈叫伊丽莎白，虽然跟英国皇室名字一样，但这个伊丽莎白只是个牧羊姑娘。

作为"音乐世家"的成员，巴赫很早就接受了音乐教育。不过在那个年代，即使不是以音乐谋生的家庭，欧洲的小孩也几乎都在刚刚学习识字的时候就开始了音乐练习，要么学习演奏羽管键琴，要么学习演奏小提琴，反正得会一件乐器。在当时的欧洲，不会演奏乐器的小孩就像现在不会用手机的小孩一样，是很难加入"朋友圈"的。

老话说"穷人的孩子早当家"。巴赫虽是家里的老幺，但并不富裕的家境，以及不高的社会地位让他很早就懂得了生活的艰辛。

巴赫在九岁的时候就失去了母亲。这个打击对小孩子来说已经算得上晴天霹雳。雪上加霜的是，他母亲去世仅七个月后，父亲就再婚了。但再婚后没过几个月，巴赫的父亲也去世了。

短短一年多一点的时间，父母相继去世，刚满十岁的巴赫成了孤儿。

他的继母并没有为他的父亲"守节"，很快就再度嫁人，这一下子，巴赫就无法再在这个"家"里住下去了。好在他的大哥约翰·克里斯托弗·巴赫当时已经二十四岁，在奥尔多夫做管风琴师。克里斯托弗承担起了照顾弟弟们的责任，巴赫和十三岁的哥哥雅各布一起来到了大哥的家里。当时克里斯托弗的年薪是 45 个金币，外加几捆木柴、几袋白面，还有一些其他的福利，可以维持自己和弟弟们的生活。

巴赫和雅各布入读了当地的学校，并在大哥的指导下学习音乐。当时，大哥的家里有很多非常珍贵的乐谱，可是大哥把它们都锁在柜子里，不许弟弟们偷看。

怀着对美好音乐的渴求之心，小巴赫每到月圆之夜，总要想办法偷偷溜进大哥的房间，从铁栅栏后用纤细的小手小心地摸出大哥珍藏的乐谱。然后，轻手轻脚地回到自己和哥哥雅各布一起住的阁楼上，伴着月光，抓紧时间抄写乐谱上的美妙旋律。抄写的时候，不仅要担心大哥会随时发现，还不能惊动同在阁楼里熟睡的哥哥雅各布。

小巴赫的"冒险"只能在月圆之夜进行，因为只有满月时的月光才足够明亮，否则就要点上蜡烛抄写乐谱，他的兜里可没有买蜡烛的钱。

我们可以想象这样一个画面：十岁，也就是现在小学五年级孩子的年龄。"五年级"的巴赫，打开阁楼的小窗，在月光下飞快地抄着哥哥心爱的乐谱，激动又害怕的小心脏怦怦乱跳，眼前却是一片美好的音乐世界……

小巴赫的"大冒险"以被大哥发现告终：在首次"得逞"的六个月后，当他再度溜进大哥的房间，看见大哥正坐在书桌旁，瞪着眼，等着他。

迎接巴赫的当然是严厉的处罚——其实这六个月来巴赫已经把很多珍贵的乐谱都誊抄了一遍，但在被大哥发现之后，这些"手抄本"都被没收了。

在众多的、真真假假的关于巴赫的往事逸闻中，这件偷偷抄写大哥乐谱的往事绝对是真的，因为在巴赫去世之后，他的儿子卡尔·菲利普·埃玛纽埃尔·巴赫在悼词里追忆了这件事。

不过，这个故事还有"续篇"：看着自己好不容易抄写好的乐谱被大哥夺走，十岁的巴赫心都碎了，但也只能偷偷地掉几滴眼泪。过了一段时日之后，小巴赫发觉那些自己曾辛苦抄写过的乐谱时常在脑内徘徊，挥之不去。

某天，小巴赫坐到哥哥的羽管键琴旁，指下自然流淌出了那些难以忘记的旋律，他终于破涕为笑，因为他已经把哥哥那些乐谱上的音符全记住了。

大哥也听到了弟弟的琴声，第一反应是：这个小家伙难道又得逞了吗？又去偷我的宝贝乐谱了吗？等到发现弟弟弹的羽管键琴的谱架上并没有任何乐谱时，大哥明白了：原来弟弟真的有音乐天赋。大哥没有再次发作，在感谢了上帝之后，把弟弟带到了管风琴旁，正式向弟弟传授"演奏秘籍"。

巴赫在大哥的家中生活了五年，五年间，大嫂为大哥生了三个孩子。大哥的年薪养活四口人还可以，养活七口人就有些捉襟见肘了。为了不给哥哥增加负担，巴赫决定独自去谋生。

1700 年的 3 月 15 日，离巴赫十五岁的生日还差几天，他和一位叫埃尔德曼的朋友一起动身前往吕内堡。当时，吕内堡的一家叫圣米歇尔的学校需要晨祷歌手，那时巴赫的歌唱得很好，而且经过了专业的声乐训练，所以，巴赫很顺利地成了吕内堡圣米歇尔学校的晨祷歌手。

可是没过多久，巴赫的声带"倒仓"了。虽不再有美妙的歌喉，但巴赫已经由一个单纯的歌手"进化"成了管风琴伴奏乐手和教堂乐队的助理小提琴手，正所谓"艺多不压身"，多个本事就多条出路。

年轻的巴赫凭着自己努力学来的本领，有了每年 12 个金币的固定收入，还可以在闲暇时为当地的红白喜事演奏赚"外快"。教堂供应一日三餐，并且给他提供住处，教堂的图书馆更是有着大量的图书和乐谱可以阅读，巴赫再也不用偷偷溜到大哥的屋子里去抄乐谱了。

　　熟悉巴赫的朋友都知道，巴赫虽然很小就没有了自己的家，但他无论怎么"换工作"，一生都没有离开德国。他的生平故事跟那些动不动就要整出大动静的音乐家相比可以说是非常平淡，而且他从不写日记，也很少写信，不喜欢长途旅行，更不愿意卷进宫廷里的是是非非，所以，我们很难在巴赫的作品里发现其背后真实的创作"密码"。但是，巴赫还是留下了一部从标题上可以找到创作动机的作品，就是写给哥哥雅各布的《为送别亲爱的哥哥而作的随想曲》。

　　那是在 1704 年，巴赫才十九岁，哥哥雅各布有幸得到了瑞典国王的赏识，被国王任命为宫廷乐队的队长。巴赫听说哥哥要出远门，特别为兄长写了一段《为送别亲爱的哥哥而作的随想曲》，音乐记录的是他目送兄长离开时的心情。请注意，标题中的"送别"指的是兄长的远行而不是离世。

　　《为送别亲爱的哥哥而作的随想曲》是年轻的巴赫写出的颇有感情的键盘独奏曲，每一个音符都是巴赫的真情流露。这部作品可能是巴赫唯一的一部"标题乐曲"，虽然篇幅不算太长，但真切地表达了巴赫送别兄长时的失落心境。巴赫用复调的手法描述出"此一别，可能再不会相见"的担心，希望这段音乐可以让兄长在到达异地后也能感受到自己的思念。

　　《为送别亲爱的哥哥而作的随想曲》由六个部分组成，

第一部分抒情的小调乐章表达的是巴赫对兄长的挽留，随后的第二部分进入更为沉重的音乐情绪，巴赫在对兄长说："到了国外，不知道会发生什么，一定要多加小心。"随后，舒缓的第三部分在表达着劝阻无效，送别的巴赫与即将离开的雅各布"流泪眼观流泪眼"，发出了声声叹息。第四部分的开始，和弦描述着真正告别的时刻终于到了，紧接着第五部分的音乐有着号角吹奏般的音调，马车铃声响起，兄长马上就要上车了。最后一部分是模仿马车喇叭音调的赋格曲，送别的伤心和马车夫的欢乐交织在一起，伤心中带着期待，似乎在预示着兄弟之间终会再见面。

众多《为送别亲爱的哥哥而作的随想曲》的录音中，有一个非常珍贵的版本，虽是单声道录音，却记录了钢琴大师斯维亚托斯拉夫·李赫特的青年时代。李赫特是一位不喜欢录音室的演奏大师，所以他的很多录音都是现场实况，《为送别亲爱的哥哥而作的随想曲》就来自他 1948 年 2 月 27 日在莫斯科的演出现场，那年他三十三岁。李赫特是传奇钢琴大师涅高兹的弟子，据说，涅高兹把李赫特看作是"自己一直在寻找的得意门生"。李赫特被誉为百科全书级别的演奏大师，我个人也坚持认为，对李赫特而言，所有的钢琴经典，只有他不愿意弹的，没有他弹不好的。他把《为送别亲爱的哥哥而作的随想曲》的开始部分处理得非常别样，不仅有离别之情，更能听出年轻的巴赫对兄长的依恋，甚至还有少年的天真。这个录音虽是单声道，还是音乐会现场录音，偶尔可以听到现场观众的干咳声，非常干扰聆听情绪，但却弥足珍贵。这张唱片是加拿大的 Ankh 制作公司发行的一系列李赫特现场录音中的一款，专辑中还有他演奏的巴赫的其他作品。

李赫特现场版

古尔达演奏版

还有一个单声道的历史录音也曾被认为是"传说中的声音"，就是著名钢琴演奏家弗雷德里希·古尔达在 1959 年 4 月 5 日录下的私人录音，录制地点是瑞典的乌普萨拉。那时虽然立体声录制技术已经问世，但这个录音还是单声道的。古尔达生前从未允许公开发行这个录音，直到在他故去之后的 2008 年，DG 才发行了这个私人录音的 CD，里面还包括了古尔达演绎的巴赫其他的键盘独奏作品。古尔达认为《为送别亲爱的哥哥而作的随想曲》并不能被视作"随想曲"，但一样不失为天才之作。在古尔达的这个录音中，我们可以听到他在兴之所至时随着自己的琴声低声哼唱，看来在自己的演奏过程中不断哼唱不仅仅是"钢琴怪杰"格伦·古尔德的"专利"，不过古尔达不像古尔德那么"过火"。

　　德国的钢琴演奏大师威廉·肯普夫在 1975 年的演绎则是我个人非常喜爱的一款唱片，CD 版由 DG 唱片公司以中价的"画廊"系列再版。巴赫的音乐一直是肯普夫的保留演奏曲目，他也曾学习过演奏管风琴，并且把巴赫的不少管风琴曲改编为钢琴独奏曲。在肯普夫漫长的演奏生涯中，他最钟爱的巴赫的键盘独奏作品是《英国组曲·第三号》和《为送别亲爱的哥哥而作的随想曲》。1975 年的肯普夫已是八十高龄，乐迷公认肯普夫是一位随着年龄的增长，演奏技艺越来越突出的演奏家。也就是说，他晚年的演奏录音往往要比年轻时还好，特别是《为送别亲爱的哥哥而作的随想曲》。在八十岁的肯普夫的指下，十九岁的巴赫写给兄长的音乐显得更加真挚、动人。

肯普夫演奏版

　　还要特别提一下钢琴家莱昂·菲舍尔在 2005 年的录音，从唱片封面上演奏家的照片来看，根本看不出此时的他已经七十七岁。莱昂·菲舍尔生于 1928 年，九岁时就成了钢琴大师施纳贝尔的学生，二十四岁拿到伊丽莎白钢琴大赛的第一名，事业一片坦途的时候，他却意外患上了重疾，导致右手无法演奏。这个致命打击并没有击倒莱昂·菲舍尔，他一边致力于教学，一边演奏仅需左手演奏的钢琴曲目，同时积极治疗。经过了整整三十五年，在他即将步入七十岁的时候，他的右手终于恢复了演奏技艺。他的个人自传名为《我有九条命》，可以看出他内心的坚强。收录《为送别亲爱的哥哥而作的随想曲》的唱片专辑名为《旅程》，除了演奏曲目之外，专辑还附赠了一张莱昂·菲舍尔的访谈 CD，收录的是主持人鲍勃·爱德华兹对菲舍尔的专访，从中我们可以听到菲舍尔一边演奏钢琴，一边解释巴赫的这部经典。

菲舍尔版

　　由于巴赫的那个年代并没有现代钢琴，因此，《为送别亲爱的哥哥而作的随想曲》最初是在羽管键琴（也可称作大键琴、拨弦古钢琴）上演奏的独奏曲，德国当代的羽管键琴演奏家安德雷斯·斯泰尔在法国的"乐满地"唱片公司曾录制过一张巴赫的早期作品选集，里面就收录了原汁原味的《为送别亲爱的哥哥而作的随想曲》。如今，本真演奏已是时尚潮流，安德雷斯·斯泰尔的演绎是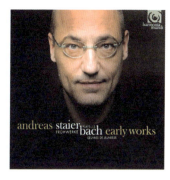

斯泰尔版

在 21 世纪品味 18 世纪，看似复古，实则是最新鲜的巴赫作品的聆听体验。

朋友的挽留

神圣的离经叛道

《d 小调托卡塔与赋格》

    "乐圣"贝多芬对巴赫的评价是："他不是小溪,而是大海。"因为德语中的 Bach 是小溪的意思,"小溪"的笔下写出了无数影响深远、流传至今的经典乐章。但是巴赫生前仅是一位小有名气的管风琴演奏师,绝对不是日后"乐圣"口中的"大海"。

    不过,"小溪"的管风琴演奏技术绝对算得上高超。我们来回顾一段巴赫"求职"的往事:话说在 1702 年,那年巴赫十七岁。他从吕内堡动身,来到了安斯塔特。偏巧遇到当地的教堂正在安装一台新的管风琴,前去看热闹的巴赫被围观的人发现,听说他会弹管风琴,就请他"随便弹些什么,听听这架管风琴的音色如何"。

    巴赫满足了这些人的要求,也让教堂的负责人惊为天人,马上决定聘任巴赫为教堂的管风琴师。当时,专职的管风琴师的年薪是 84 个金币，是巴赫在吕内堡拿的年薪的七倍。可是，教堂的负责人马上发现这个决定做得太鲁莽了，因为当时他们已经聘任了一个专职的教堂管风琴师。这位负责人倒是挺"仗义"，跟巴赫保证，只要巴赫接受这个职位，就马上把原先聘任的那位赶走。

巴赫不忍心这么做，就跟负责人达成了折中的办法，教堂原先聘任的管风琴师依然留任，巴赫则做了助理管风琴师。当时，市镇聘用的乐手除了演奏的工作之外，还要干一些杂活儿，比如：给学校上课，教孩子唱歌，训练唱诗班，打扫卫生，照管教堂的锅炉，等等。教堂认为巴赫是个难得的人才，所以可以不做打扫卫生和烧锅炉等杂事，而且一个星期只需工作三天，也算是给巴赫的"特权"。

十七岁的巴赫就有如此超群的演奏技艺当然跟他的刻苦学习密不可分，有个非常有名的逸闻：巴赫在吕内堡的时候就常常利用工作的短暂间隙，徒步前往汉堡，去聆听管风琴大师莱茵肯的演奏。有一次，由于逗留的时间长了些，在返回吕内堡的中途，饥肠辘辘的巴赫兜里只剩下两个先令。当他坐在一家酒馆旁休息的时候，饿得两眼昏花，还不时闻到厨房里传来的饭菜香。大概是巴赫的可怜样打动了某位小姐或是先生，巴赫听到了窗户被打开的声音，随后就看到两个鲱鱼头被扔了下来。巴赫急不可耐地拿起就吃，结果被鱼头里藏着的金币硌了牙。每个鱼头里面都有一枚金币，这不仅解决了巴赫的燃眉之急，也让他下次去汉堡的时候可以体面一些。

这段"音乐往事"虽然非常有名，但很有可能"纯属虚构"，因为德国人似乎不吃鱼头。

但下一个有名的往事绝对属实：某一天，已经在安斯塔特工作的巴赫和他的一个表妹去逛街，遇到了一位也叫"巴赫"的人，这个人是他担任音乐指导的唱诗班的学员，叫盖耶什·巴赫。按说这位"巴赫"应该算是巴赫的学生，但他在"自由市场"上遇见"老师"之后，却用棍子追打"老师"。理由是巴赫在排练时说这位盖耶什·巴赫的音色像"老母羊吹大管"。这位盖耶什·巴赫无意间看到"仇人"，哪还有闲心逛街，气不打一处来，一边追打巴赫一边大骂巴赫是"龌龊狗"。年轻气盛的巴赫自然也是毫不退让，马上就拔出了剑。眼看老师和学生就要在自由市场上进行一场"决斗"，唱诗班的另一位学员连忙把盖耶什·巴赫劝走，才没有发生恶性事件。但是巴赫却越想越咽不下这口气，向宗教法庭提起了申诉。

可是巴赫的申诉却失败了。法庭认为巴赫恶意伤人在前，判决巴赫不仅要进行社区义务服务，还要求他今后一定要友善地对待学员。巴赫对这个判决并没有做强烈的抗争，相反，他提出了一个请求：听说在吕贝克住着一位名声显赫的管风琴大师——布克斯特胡德，当初巴赫偷偷抄写的大哥的乐谱

里有不少就是这位大师的作品，巴赫请求教堂给他一个月的
"停薪留职"假，他要利用这一个月的时间前往吕贝克，向
大师布克斯特胡德学习。

　　巴赫刚刚开始动身前往吕贝克，安斯塔特就开始流传着
"巴赫绝对不会再回来"的小道消息。因为让巴赫慕名前往
的那位叫布克斯特胡德的管风琴大师已经决定让巴赫做自己
的女婿了，这对年轻的巴赫来说可真是好机会。

　　布克斯特胡德为自己的女儿"征婚"的确是真的，不过
这算是当年的"惯例"：凡继承当地教堂管风琴师的音乐人
在继承位置的同时必须娶前任的女儿。布克斯特胡德在 1668
年担任吕贝克圣玛丽教堂管风琴师的时候，就娶了前任管风
琴师的女儿。履职五年后，从 1673 年开始，布克斯特胡德
创办了"黄昏音乐节"，在每年的圣诞节前都要举行一系
列的音乐会，影响颇广。到了 1703 年，布克斯特胡德已经
六十六岁，准备退休。他未来的继承者面对的是几乎无法抗
拒的优厚条件：不仅可以继承管风琴师的职位，那个职位的
薪水在当时是天价，还可以成为布克斯特胡德的乘龙快婿。
可是当年所有的年轻音乐人都拒绝了，里面还包括日后跟巴
赫一样成为大师的亨德尔，当时他们几乎都"一文不名"，
但就是没有勇气接受如此优厚的待遇。

　　别的音乐人为什么要放弃这样的好机遇我们不能妄加揣测，

巴赫没接受这个优厚待遇的原因是布克斯特胡德的女儿比巴赫整整大了十岁！也就是说这位千金当时已经快三十岁了。在那个平均寿命只有三十岁的年代，这个年龄已经算是"暮年"了。

不过，巴赫虽然没有勇气让布克斯特胡德做岳父，却被布克斯特胡德精湛的管风琴演奏技艺深深打动。巴赫动身前只请了一个月的假，实际却用了整整四个月，在吕贝克过了圣诞和新年才回来，这惹恼了一些安斯塔特的"老同志"。

1706 年的 2 月 21 日，巴赫被传唤到了当地宗教法庭，他不得不乖乖地低头坐在被告席里忍受一长串的控诉。"起诉"巴赫的直接原因是本来他只请了一个月的"停薪留职"假，结果却走了整整四个月，简直是"无组织、无纪律"；间接原因是巴赫的很多做法不受老人们待见，他们借题发挥，指责巴赫对教堂唱诗班的训练非常懈怠，说他不仅沉溺于那些过于稀奇古怪的前奏，还加入了很多不得体的伴奏，实在是不可原谅。而且，巴赫还不好好安心于本职工作，总想着超越前辈，总想着什么创新，当作曲家，这实在是"不安于现状"。

当年巴赫在宗教议会上受到的指控和巴赫自己的辩护词如今都历历在案，有据可查。我们不妨摘抄一段主祭大人对巴赫的指控：

　　不少人向教会当局抱怨，你现在伴奏赞美诗时

任意增添怪诞的变奏和装饰音，完全无视旋律，此
举足以混淆无辜会众。如果你想用一个主题来衬托
旋律，不要马上转到另一个主题去，也不要时不时
地就弄出冲突的乐音来。如果你不愿意按我们的要
求去做，那么我们可以换一位管风琴手……

　　这仅仅是巴赫一辈子不断受到的类似指责中的一个，那
么，巴赫的管风琴演奏到底有多疯狂呢？我们从最经典的这
段《d 小调托卡塔与赋格》就可以一窥端倪。

　　巴赫创作的管风琴曲从数量上可以说是浩如烟海，但《d
小调托卡塔与赋格》却是众多的管风琴文献中最著名的一首，
这段作品实际上是对布克斯特胡德的追忆。布克斯特胡德在
1707 年去世，巴赫在 1708 年完成了《d 小调托卡塔与赋格》。
标题里的"托卡塔"实际上就是接触、碰触的意思，说明这
段音乐需要用键盘乐器演奏，并没有什么特别深奥的"秘密"。

　　我确信，你只需听到《d 小调托卡塔与赋格》开始的短
短第一个乐句，就一定会发出惊叹：怎么这件古老的乐器听
上去是那么现代，又是那么富丽堂皇？！巴赫用乐器中的庞
然大物营造出了自己的狂野世界。《d 小调托卡塔与赋格》
的主题豪迈奔放，如奔腾的激流，让人一听难忘。赋格部分
层次分明，音乐有条不紊又热情激昂，如同激流下的一条条

支流向下游汇合，越来越宽广。最后音乐的情绪达到了如万条支流汇聚成大海般的万马奔腾的气势。

《d 小调托卡塔与赋格》的手稿至今未曾得见。据说，这部作品在创作时，安斯塔特的教堂刚刚安装了最新的管风琴，所以我们可以肯定，《d 小调托卡塔与赋格》的最初形式一定是巴赫的即兴演奏。巴赫在试奏新型管风琴的同时在给心中的布克斯特胡德画音乐素描，乐思滚滚奔流，一发不可收。我们可以想象，又很难想象，当时前往教堂朝圣的人们听到新的管风琴发出如此"迷乱"又极具魅力的乐声是什么反应。管风琴，这件乐器中的庞然大物在巴赫的指下，流露出的是带着妩媚的威严，充满反叛气质的圣洁。如果把管风琴的声音看成是天堂之声，《d 小调托卡塔与赋格》里的天堂可能正在开摇滚派对。

1985 年，Telarc 唱片公司曾发行过一张很有意思的唱片《巴赫反斗星》（*Bachbusteds*），唱片的封面是巴赫拿着电子键盘的卡通形象，收录的是当代音乐人唐·多尔西用电子琴演奏的巴赫的作品，其中就包括《d 小调托卡塔与赋格》。如果你没听过真正的管风琴的声音，那么，这张《巴赫反斗星》还能让你觉得震撼，可是，现代电子乐器的声响跟真正的古老的管风琴相比，真的是"小巫见大巫"。只要听过正宗的管风琴演奏，我想任何唱片的聆听体验都不能代替真正的现场。

尽管唱片不能 100% 留住管风琴的全部音色，但巴赫的
管风琴曲唱片还是数不胜数。在众多正宗的管风琴演奏名家
当中，盲人演奏家瓦尔哈的《d 小调托卡塔与赋格》的唱片是
非常值得一听的。这位自幼失明的演奏家靠着顽强的感知能
力苦练出了超凡的演奏技艺，早在 1947 年，他就在 DG 唱片
公司旗下的 Archiv 品牌开始录制巴赫的作品。DG 的"大禾花"
系列收录的是他在 1959 年的演奏，虽然乐迷都认定瓦尔哈的
演奏以最接近心灵著称，但面对《d 小调托卡塔与赋格》，瓦
尔哈的演奏也不会显得"平静"。到了数码录音时代，演奏家
西蒙·普莱斯顿在 DG 录制了十几张巴赫的管风琴作品的唱片，
2008 年 DG 再版的这张唱片虽然是廉价版，但却非常超值。

由于《d 小调托卡塔与赋格》是用键盘乐器演奏，所以，
日后很多钢琴演奏名家也都纷纷在钢琴上尝试演奏这段管风
琴名篇。最早的钢琴改编版来自钢琴演奏大师李斯特的亲传

《巴赫反斗星》封面

瓦尔哈演奏版

普莱斯顿演奏版

弟子陶西格，后来，意大利的作曲家、钢琴演奏家布索尼也改编了《d 小调托卡塔与赋格》。澳大利亚籍的作曲家珀西·格兰杰则在上面的两个改编版本的基础上写出了自己的改编版。我收有一张英国 Hyperion 唱片公司出版的英国钢琴家皮尔斯·连恩演奏、珀西·格兰杰改编版的录音，这张唱片是皮尔斯·连恩在 Hyperion 公司录制的巴赫作品的钢琴改编版系列专辑的第三辑，唱片中除了珀西·格兰杰的改编版，还收了钢琴演奏家伊格纳兹·弗雷德曼的改编版。两个改编版本各有千秋，分别收录在专辑的第一曲和最后一曲，首尾呼应。跟管风琴的恢宏相比，钢琴虽为"乐器之王"，但气势上还是不能跟管风琴相比。所以，两个改编版都避免以钢琴的"弱"去对比管风琴的"强"。珀西·格兰杰的改编版更加"妩媚"一些，弗雷德曼的则更"动听"一些，都是相当精彩的改编。演奏者皮尔斯·连恩还是一位学者，为 BBC 广播第三台制作了不少古典音乐节目，也算是我的"同行"。跟这位电台音乐节目编辑相比，同为音乐节目编辑的我真的是才疏学浅。

《d 小调托卡塔与赋格》还有一个非常出色的由管弦乐团

演奏的改编版，来自著名指挥家斯托科夫斯基。斯托科夫斯基曾是明星级的指挥大师，在 20 世纪 30 年代就已是古典音乐界的明星级指挥。在巨大的盛名之下，斯托科夫斯基亦是一位真正的音乐家，他改编过不少巴赫的作品，管弦乐队演奏版的《d 小调托卡塔与赋格》是个中翘楚。1940 年，他担任迪士尼的动画长片《幻想曲》的音乐总监。《幻想曲》是一部以卡通形式来诠释多部古典乐章的经典名作，影片开始的第一首作品就是斯托科夫斯基改编的《d 小调托卡塔与赋格》，《幻想曲》是斯托科夫斯基的"高光时刻"，这部影片实际上是他的"专场音乐会"。他先后多次录制过《d 小调托卡塔与赋格》。其中以 RCA 唱片公司在 1947 年 3 月录制的版本最值得收藏。虽然是单声道录音，但魅力依旧不可抵挡。这张唱片标明斯托科夫斯基指挥下的乐团是"他的乐团"，也就是说，是一支专门供他演奏的交响乐团，他的"私人专属乐团"，这是后来的诸多

钢琴改编版

斯托科夫斯基改编版

指挥大师绝对无法享有也不敢想象的待遇。

　　1982 年，当时唱片界的新品牌，成立仅三年的英国 Chandos 唱片公司录制了罗伯特·皮克勒指挥悉尼交响乐团演奏的斯托科夫斯基改编的巴赫的作品集，其中第一曲就是管弦乐版的《d 小调托卡塔与赋格》。这张唱片曾获得过《企鹅唱片指南》的最高评价，到现在还是 Chandos 公司的标志性唱片之一，2005 年发行了再版的中价版。顺便说一句，Chandos 这个词曾被音乐爱好者谐音戏称为"颤抖死"，这样叫的原因除了发音相似之外，还因为这家公司的唱片售价一直不低，在 20 世纪 80 年代，如果买一张 Chandos 出品的 CD，代价可能是当时国人大半个月的工资，但他们的 CD 又实在吸引人，所以购买时的心情是"颤抖死"。

　　2000 年，Sony 唱片公司发行了一张由年少成名的芬兰音乐家萨洛宁指挥洛杉矶爱乐乐团演奏的巴赫作品专辑，第一首曲目也是斯托科夫斯基改编的管弦乐演奏版的《d 小调托卡塔与赋格》，唱片还收录了斯托科夫斯基改编的巴赫的《g 小调小赋格》，以及古斯塔夫·马勒、爱德华·埃尔加、阿诺德·勋伯格、安东·韦伯恩等当代音乐大师改编的巴赫的作品，是一张巴赫改编作品的精华集，非常值得一听。

　　除了斯托科夫斯基的改编版，英国的亨利·伍德爵士也曾改编过《d 小调托卡塔与赋格》。亨利·伍德是英国"逍遥音乐会"的创始人，那是在 1894 年，他与伦敦的皇家阿尔伯特大厅的经理罗伯特·纽曼一道策划了"逍遥音乐会"，专门演奏通俗的、入门级别的古典音乐作品。如今，"逍遥音乐会"已是一个庞大的演出季，成了有世界影响力的"逍遥音乐节"。1994 年 9 月 10 日，逍遥音乐节 100 周年庆典季的谢幕演出在皇家阿尔伯特大厅举行，音乐会的第一首演奏曲目就是亨利·伍德改编的管弦乐队版的《d 小调托卡塔与赋格》，由著名指挥家安德鲁·戴维斯指挥 BBC 交响乐团演出。出色的编曲配上盛大的现场气氛，仅听录音就已使人情不自禁沉浸其间。Teldec 唱片公司发行了这场音乐会的实况 CD，里面还有亨利·伍德爵士改编的其他作品。

1996 年，EMI 唱片公司推出了一位在摇滚电子风格的音乐伴奏下，穿着超短裙拉着电子小提琴的新人陈美。她的

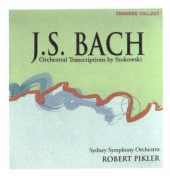

Chandos出品的管弦乐改编版

萨洛宁指挥斯托科夫斯基改编版

逍遥音乐节现场 亨利伍德改编版　　　　陈美电子小提琴版

第一首主打单曲，也是她的成名作就是现代电子版的《d 小调托卡塔与赋格》。巴赫的经典在 20 世纪的最后几年又一次被视作离经叛道，当时很多人都因这段跨界改编版的《d 小调托卡塔与赋格》认识了陈美，当然陈美也倍受"纯粹"的古典乐迷的指责，不过，陈美的改编更是证明了巴赫的《d 小调托卡塔与赋格》虽问世年代古老，音乐内核却绝对永远年轻。巴赫写《d 小调托卡塔与赋格》时二十三岁，正是"摇滚青年"的年纪。《d 小调托卡塔与赋格》是巴赫专属的"18 世纪摇滚乐"，是神圣的离经叛道。

托卡塔

卡萨尔斯发现的珍品

《无伴奏大提琴组曲》

1889年的某一天，当时只有十三岁的卡萨尔斯收到了父亲送的一件让他欣喜不已的礼物——一把真正的、供成人使用的大提琴。这位日后有着巨大影响的大提琴演奏家当时虽还是少年，但已经有了自己的三重奏乐团，已经可以凭演奏谋生了。他高兴地拉着父亲一起来到了靠近码头的一家音乐老店，为自己的乐团找些新的演奏曲目。

爷俩儿带着期待开始浏览一大摞一大摞的乐谱，突然，卡萨尔斯发现了一捆像是废纸一样的东西：不仅破破烂烂的，还因为年代太久的关系，乐谱早已褪色。但是等到卡萨尔斯打开这堆"废纸"之后，一个新的世界在他的眼前出现了！

他好奇地翻看着这捆乐谱，以前，他从未听说过这部作品，他的老师也不知道有这么一组精彩的、供大提琴演奏的音乐宝藏。卡萨尔斯赶紧把这堆乐谱抱回家，接下来的十二年，他几乎无时无刻不在研读这组乐谱，直到二十五岁的时候，他才有勇气在大众面前演奏其中的一小部分。

这部目前公认的、被十三岁的卡萨尔斯发现并挖掘的音乐宝藏就是约翰·塞巴斯蒂安·巴赫动笔于 1717 年、全部完成于 1720 年的六组《无伴奏大提琴组曲》。

巴赫当年为什么要"费力不讨好"地为大提琴写作品，而且还是"无伴奏"的作品，具体原因如今只能是猜测。在众多传闻中，有一种说法是：巴赫是在"监狱"里开始动笔创作《无伴奏大提琴组曲》的。

巴赫为什么进了"班房"呢？这还得从 1707 年的春天说起，巴赫得到了一个去穆尔豪森市试奏新的管风琴的邀请，因为试奏非常成功，所以巴赫顺利地得到了圣布拉西乌斯教堂专职管风琴演奏师的职位，薪水是一年 85 个金币。"锦上添花"的是：巴赫的一位比较富有的舅父去世，给姐姐的每个孩子留下了 50 金币的遗产。巴赫当机立断，不仅接受了新职务，还和表妹玛利亚·芭芭拉正式结婚。成家的巴赫正式告别了"学徒"的身份，"华丽转身"为一名小有影响的专职管风琴师了。按照当时这一行的"传统"，乐师必须有自己的家，巴赫的结婚之举也算是符合这个传统。

但是，巴赫刚刚入职穆尔豪森，当地的音乐条件就走上了下坡路。雪上加霜的是，一场大火把小镇的很多地方烧成灰烬，当地居民认为眼下最重要的事是恢复经济，而不是再花钱雇一个管风琴手。这样一来，刚刚上任不到一年的巴赫不得不再度申请离职。虽然穆尔豪森的长官们批准了巴赫的"请调报告"，但巴赫必须保证，以后得随传随到，保证及时维修当地教堂的管风琴。

巴赫的新职务是魏玛的威尔海姆恩斯特公爵的宫廷独奏乐师和乐队首席，他的新雇主是那个时代最有教养的公爵，给巴赫的报酬很高，最初是年薪 156 个金币，后来因为巴赫荣升为乐队的指挥，年薪又涨到了 225 个金币，这让巴赫的生活相对宽裕了不少。再加上巴赫和妻子的感情很好，所以婚后的巴赫家中一直人丁兴旺。

到了 1716 年，巴赫效力的宫廷乐队的老乐长去世了，巴赫本以为自己会接任乐长的职务，但是没想到却由老乐长的儿子"世袭"了。公爵给出的理由竟然是老乐长的儿子有"本地户口"，巴赫的"积分"还不够，这让巴赫原本安逸的内心掀起了波澜。一年后，1717 年 10 月 31 日到 11 月 2 日，魏玛举办了纪念宗教改革 200 周年庆典，巴赫的雇主自是要大发奖金，结果巴赫拿到的仅仅是 3 个金币。这让巴赫更加生气，说什么也要离开魏玛。没想到，公爵的脾气更大，就在 11 月 2 日，他竟然把巴赫关进了监狱！

　　辞职的代价竟然是进班房，好在经过据理力争，巴赫在一个月后还是被放了出来，那天是 1717 年 12 月 2 日。巴赫立刻带着老婆孩子到了科腾，在 1717 年的圣诞节得到了新的职位。他的新雇主列奥波特公爵虽然年轻，只有二十五岁，但却非常懂音乐，有时甚至在自己的乐队里担任小提琴手，歌唱得也好，给巴赫的年薪在所有的雇员中属于第一档次，所以，巴赫在科腾的几年创作出了不少佳作。现在很多人都认为，巴赫的这六组《无伴奏大提琴组曲》动笔于在魏玛进班房的幽禁时期，完成于在科腾的欢乐时期。

　　不管是在魏玛还是在科腾，巴赫供职的都不是教堂，而是宫廷乐队，所以，巴赫创作的作品大都是世俗音乐。他平日主奏的乐器也不再是管风琴，而是羽管键琴、小提琴等，所以巴赫才有时间和精力去写一些纯器乐曲。不过，大提琴在那个年代可是最不受重视的乐器，甚至在巴赫去世多年之后都还不受重视，莫扎特就从未给大提琴写过独奏作品。可是巴赫却写了日后被每一位大提琴演奏家视作"圣经"的《无伴奏大提琴组曲》，这不得不说是"神迹"。

　　今日的"圣经"在当年默默无闻并且多年一直未被发现，直到十三岁的卡萨尔斯把它找到。那时，日后的传奇大师还仅是位会拉琴的少年，巴赫的这套"圣经"从根本上成全了卡萨尔斯日后辉煌的演奏事业。

　　卡萨尔斯很小的时候就在父亲的影响下学习歌唱和演奏钢琴、管风琴，因为他的父亲跟巴赫一样是一位管风琴手，还担任当地教堂唱诗班的指挥。卡萨尔斯六岁的时候，完成了自己的第一次公开演奏，演奏的是小提琴。卡萨尔斯在十一岁的时候才第一次听到真正的大提琴的声音，父亲给他买了一把供琴童使用的小型大提琴，两年之后，又给他买了真正的大提琴。此时，天意让卡萨尔斯发现了《无伴奏大提琴组曲》。

　　卡萨尔斯赶上了唱片业初兴的年代，所以，他不仅首演了这套《无伴奏大提琴组曲》，更留下了历史上首部《无伴奏大提琴组曲》的唱片。因为有了卡萨尔斯经典的录音，《无伴奏大提琴组曲》不仅传播更广，更形成了这样一种事实：能否演奏好这套组曲，对每一位大提琴演奏家来说，都是一道必答题。乐迷逐渐把大提琴演奏家分成两种：演奏过《无伴奏大提琴组曲》的和没有演奏过的。

　　《无伴奏大提琴组曲》的乐谱上并没有任何速度标记，在卡萨尔斯之前，曾有音乐人标注过速度提示，不过，随着卡萨尔斯演奏录音的发行，所有的专业演奏者和乐迷都有了真正的听觉记忆，卡萨尔斯的唱片堪称"声音里程碑"。

　　卡萨尔斯的这套唱片在艺术上是他深思熟虑的结果：十三岁发现《无伴奏大提琴组曲》，二十五岁第一次演奏其中的部分内容，等到开始录音时，卡萨尔斯已经六十岁了。

可以说，录制这部作品的时候，演奏家已经有了三十多年的演奏心得，"案头工作"已经准备得很久了。

1936年12月23日，距卡萨尔斯的六十大寿还差六天，他在伦敦开始录制《无伴奏大提琴组曲》，我们可以把这次录制看成是大师献给自己的生日礼物。

由于当时的唱片规格还是老式78转的黑胶唱片，所以，卡萨尔斯没有一次录全巴赫的全部六组《无伴奏大提琴组曲》，他首先录制的也不是第一组，而是第二组和第三组。第二次正式录制是在1938年6月2日，录制地点换到了巴黎，录制的是开篇第一组的六段音乐，又在6月3日录制了第六组。第三次录制是在一年后，也就是1939年的6月3日，录制地还是巴黎，完成了这套作品的第六组。最后收尾是在1939年6月13日，录制了第四组。从1936年12月到1939年6月，卡萨尔斯用了两年半的时间完成了全套《无伴奏大提琴组曲》的录制工作，开始录制时他六十岁，录制完成时六十三岁。

由于老式的78转黑胶唱片每一面的播放时间只有三分钟，因此，每一组"无伴奏组曲"都需要三张唱片的篇幅，所以，卡萨尔斯全套"大无"的录音有十八张黑胶唱片。20世纪前半叶的乐迷要想收全这套录音，花费不小。不过，出品这套专辑的EMI唱片公司交出了以当时的条件可以达到的最好的录音效果，再加上相对来说，仅是大提琴独奏，单声道自有独特的录音魅力。所以，卡萨尔斯的唱片从此成了唱片史上的经典，尽管现在录制技术飞速发展，各种新的录音层出不穷，各路名家、各类演奏新星纷纷带来不同演奏风格的《无伴奏大提琴组曲》，但卡萨尔斯的录音的地位依旧不可

卡萨尔斯演奏版

动摇。虽然是 20 世纪 30 年代的单声道录音，但却丝毫不能掩盖卡萨尔斯的演奏光芒。

　　CD 时代到来之后，EMI 唱片公司把发行了双 CD 的正价唱片，又转为中价版发行。2000 年，Naxos 唱片公司发了"历史系列"的廉价版，除了六组《无伴奏大提琴组曲》之外，还收了卡萨尔斯 1927 年至 1930 年间录制的五首巴赫作品的改编版。

　　随着网络下载时代的到来，以数字化著称的 CD 即将彻底退出唱片市场，而黑胶唱片竟然在数字时代回潮。拥有卡萨尔斯录音原始版权的华纳古典发行了新的黑胶版的套装，让 21 世纪的新乐迷得以体会一下上世纪的乐迷的聆听感受，卡萨尔斯的魅力依旧是不可替代的。

第一首：前奏曲

另一部"无伴奏"的前前后后

《无伴奏小提琴奏鸣曲和帕蒂塔》

　　1717 年，在到科腾就职之前，巴赫曾到过德累斯顿，并无意间卷入了一场未发生的"音乐决斗"。法国音乐家让·路易·马尔尚因为失宠于国王路易十四而来到了德累斯顿，他是一位管风琴演奏高手，自我炒作能力也很强，不停地在德累斯顿的社交圈中营造着自己举止优雅、演奏超凡的艺术形象。得知巴赫正好来到德累斯顿，他觉得如果再整出些大的"动静"，那么他就一定能在这儿"脚面水——平蹚"了。为此，马尔尚收买了一些音乐同行开始大造舆论，大肆贬低巴赫，称巴赫为"乡巴佬"。当时所谓的上流社会也流行"外来的和尚会念经"的观点，在这样的舆论氛围中，有一些"看热闹不怕事儿大"的"围观群众"特意安排了巴赫和马尔尚的"音乐决斗"——是骡子是马拉出来遛遛！结果，在"决斗"

当天，擅长炒作的马尔尚以"迅雷不及掩耳"的速度雇了一辆马车，逃离了德累斯顿，巴赫不战而胜。

这段未发生的"音乐决斗"还有另一种说法：巴赫并非想来德累斯顿，而是被马尔尚"逼"来的——不知道是马尔尚过于自信还是旁人的煽风点火，总之，巴赫收到了马尔尚亲笔写的挑战书，要跟巴赫当场比试谁的演奏技艺更高，巴赫也就只好接受挑战了。这种说法还指名了他们见面的具体日期：1717 年 9 月 3 日。当时，马尔尚正在德累斯顿的一位伯爵家表演，演奏了一段根据法国民歌即兴发挥的变奏曲。在喝彩声中，人们发现巴赫也到了，就请巴赫也来弹上一段。巴赫欣然答应，而且就用刚刚马尔尚演奏的那段法国民歌为主题，把这段主题又进行了十几段变奏。演奏过后，宾客们提议两位音乐高手的"决斗"不妨就定在明天，而且就用现场来宾给出的主题，各自进行发挥。看到巴赫真实本领的马尔尚有些心虚，第二天一早，不告而别。

当年的这段"未发生的音乐决斗"也有第三种说法：并非是马尔尚给巴赫下战书，而是德累斯顿的某些上流人士看不惯马尔尚过于高傲的表现，他们决定把巴赫请来"杀杀"马尔尚的狂妄。巴赫赶到德累斯顿之后，正好见到公开表演的马尔尚。在见识了巴赫的即兴演奏功力之后，马尔尚在约定好的"决斗"开始之前，不告而别，原定的"决斗"现场就成了巴赫的独奏会。

三种说法虽有差异，但结局都是一样。不知道这个往事是不是为巴赫提高了一定的知名度，反正在这件事发生之后不久，他就得到了列奥波特公爵的"邀请"，开始了在科腾的"欢乐时光"。

科腾跟巴赫之前效力的魏玛相比，可以说是个小城市，宫廷乐队的规模也只有十八名乐手，但乐师的技艺都不错。巴赫的雇主列奥波特公爵不仅热爱音乐，有时甚至在自己的乐队里担任小提琴手。作为贵族，随时"说走就走的旅行"自是少不了，所到之处，当然要讲讲派头，带上自己的乐队，巴赫也就可以跟着公爵到处"公费旅游"。

1720年，巴赫陪着列奥波特公爵去卡尔斯巴德泡温泉，这次的"SPA"之旅，公爵玩儿得很尽兴。可是等到巴赫陪着公爵回到科腾的时候，却得到了妻子病故的噩耗！而且因为巴赫当时不在，一时来不及通知，公爵府就把他妻子的丧事给办了。巴赫连发妻的葬礼都没赶上，他能做的唯有到妻子的坟前祭奠。

当年，巴赫还在安斯塔特工作的时候，曾让一位少女混进了全男生的教堂唱诗班，这件事曾让他备受宗教人士的指责：妇女应该在教堂里缄口不言，你却让个女的在教堂里号叫！自古以来，唱诗班都是由男孩组成，让一个女孩子伪装进入，肯定是巴赫"图谋不轨"。这位少女就是巴赫的妻子玛利亚·芭芭拉，看来他们的爱情故事也是非常浪漫。成家之后，玛利亚更是巴赫的贤内助，家中的大事小情都是妻子负责。妻子的去世对巴赫的打击太大，那年巴赫三十五岁，标准的中年丧妻。一时无法接受的巴赫把自己关在屋中，谁也不理。偏偏此时"白事"的操办人来找他要丧葬费用，据说当时巴赫连想都没想，开口就说：找我太太要去……

失落的巴赫只有在音乐中找寻安慰，《无伴奏小提琴奏鸣曲和帕蒂塔》因此问世。这套经典由三组"无伴奏小提琴奏鸣曲"和三组"帕蒂塔"组成，与《无伴奏大提琴组曲》一样，都是巴赫在科腾时期写下的永恒佳作。到今天，如果说《无伴奏大提琴组曲》已经是每一位大提琴演奏家的"必修课"的话，那么《无伴奏小提琴奏鸣曲和帕蒂塔》就是每一位小提琴演奏家的"必修课"。

"帕蒂塔"是"Partita"一词的音译，就是"组曲"的意思，但为什么现在把那六组"无伴奏大提琴"演奏的叫作"组曲"，而在这里却用"帕蒂塔"表示呢？其实这套作品也可以叫作《无伴奏小提琴奏鸣曲和组曲》，但这套作品中的三组"帕蒂塔"在格式上显得不够规整，六组《无伴奏大提琴组曲》的每一组都由六段音乐组成，"无伴奏小提琴"的"帕蒂塔"的每一组的音乐数目都不一样。而且，顺序安排也较自由，所以现在还是习惯地称为"帕蒂塔"。

如果您是第一次听《无伴奏小提琴奏鸣曲和帕蒂塔》，

可能会觉得在可听性上，较之《无伴奏大提琴组曲》，有些晦涩感，不够动听。巴赫用一段"柔板"开始了整部作品，显得非常"与众不同"。有一种观点认为：巴赫之所以这样写，是为了表达一种神圣的乐感。其实，只需看一下这套作品的乐谱"封面"就可以知道巴赫的真实用意。巴赫亲笔在谱纸上写下了"Sei Solo a Violino senza Basso accompagnato"。乍看起来就是作品的标题，可是请注意一下开始的"Sei Solo"的发音，既可以理解为"六组独奏"，也可以解释为"你孤单一人"，原来，巴赫是在借《无伴奏小提琴奏鸣曲和帕蒂塔》来怀念亡妻。

妻子去世两个月后，也就是1720年9月，巴赫去汉堡散心，圣雅克布教堂正好在招聘新的管风琴师，巴赫"凑热闹"也去应征。试奏时的巴赫自是表现得非常出色，让人一时觉得他就是不二人选。但巴赫最后没能得到这个职务，当选者是一个叫海特曼的音乐人，因为海特曼向教堂支付了事先谈好的"好处费"，据说这种行为是当年人人心知肚明的"潜规则"。

想换个环境的巴赫只好回到科腾，非常幸运的是，他又找到了新的恋情。所以，《无伴奏小提琴奏鸣曲和帕蒂塔》的最后一组"帕蒂塔"有着相当动听愉悦的开始，是这部作品可听性最强的一组。如果您是第一次听巴赫的这部经典，不妨直接从第三组"帕蒂塔"开始，会很容易接受，继而欣赏整部作品。

尽管第三组"帕蒂塔"的可听性最强，但《无伴奏小提琴奏鸣曲和帕蒂塔》最有名的段落却是第二组"帕蒂塔"中的《恰空》，这段音乐也是这部作品的所有曲子中演奏时间最长的。"恰空"是法文单词 Chaconne 的音译，原本是一种从墨西哥流传到西班牙的古老的舞曲，后来传遍欧洲。"恰空"为三拍子，速度适中，情绪比较庄重。巴赫的《恰空》由一个主题和三十二个变奏组成，结构规整且空前庞大，使小提琴发出了类似于管风琴的恢宏音色。后来，德国的管风琴家阿尔伯特·施魏策尔对《恰空》有着这样的评价："巴赫用一个简单的主题呼唤出了整个世界。"

关于《恰空》，还有一个"传说"：在 18 世纪中叶的美国，一位小提琴演奏家巡回演出到了西部的某个小镇。他原本在节目单上写明演奏的曲目中包括《恰空》，但在演出时，他觉得在这个"蛮荒小镇"演如此高雅的曲子肯定无人喝彩，所以临时决定用一段"时尚流行曲"代替了《恰空》，现场效果当然很不错。可是，等到他回到酒店准备休息时，突然闯进来一位西部牛仔，二话不说直接掏枪对准演奏家："我整整用了两天时间，才骑马赶到这里，就是为了听你演奏《恰空》。可是我这么辛苦赶来，你却没演《恰空》。现在，我要求你立刻为我演奏《恰空》，否则我就崩了你！"惊魂未定的演奏家还是第一次面对这样为巴赫疯狂的牛仔，好在他可以满足牛仔的要求。演奏家稍稍回了回神，为牛仔演奏了《恰空》，牛仔说了声"谢谢"，把枪放回枪袋，离开了酒店。

这个故事虽然很动人，但只能是"传说"，因为在 18 世纪中叶，别说在美国，就是在欧洲，巴赫的《无伴奏小提琴奏鸣曲和帕蒂塔》都算是默默无闻，仅仅在专业的音乐圈里有所流传。虽然《无伴奏小提琴奏鸣曲和帕蒂塔》的曲谱不像《无伴奏大提琴组曲》的曲谱那样到 1889 年才被发现，但那时音乐界对这部佳作的观点是：纯属多余，不可演奏，也没有任何演奏的必要，因为小提琴根本就不适合无伴奏。为了"挽救"这部作品，舒曼还专门为《无伴奏小提琴奏鸣曲和帕蒂塔》创作了钢琴伴奏。

第一位公开演奏《无伴奏小提琴奏鸣曲和帕蒂塔》的是小提琴演奏大师约瑟夫·约阿希姆，这位如今已是音乐界传奇的小提琴家当年在伦敦曾把六组《无伴奏小提琴奏鸣曲和帕蒂塔》完整演出了一遍，评论界对此的反应是：痛苦的聆听体验。1908 年，约阿希姆去世一年后，他整理校订的《无伴奏小提琴奏鸣曲和帕蒂塔》曲谱发行，历经乔治·埃奈斯库、胡伯尔曼，以及当时还很年轻的阿道夫·布什、约瑟夫·西盖蒂等人的不懈努力，《无伴奏小提琴奏鸣曲和帕蒂塔》终于在 20 世纪被演奏家们挖掘出了精彩之处，得到了应有的评价。

在众多的《无伴奏小提琴奏鸣曲和帕蒂塔》的唱片中，

小提琴名家阿瑟·格洛米欧的演
绎曾是很多爱乐者的首选，这套
全集录制于 1960 年到 1961 年
间，最初在 Philips 唱片公司发
行，CD 时代有以 Decca 品牌发
行的 "The Originals" 中价系列。

格洛米欧演奏版

格洛米欧是小提琴法比学派的代
表性人物，既温文尔雅又不失浪漫，同时在演奏技艺上亦有
保证。这套唱片总体上是非常标准的演绎，技术到位又不滥
情，完全可以经得住时间的考验。

　　"轮椅上的小提琴家"伊萨克·帕尔曼于 1986 年至 1987
年在 EMI 唱片公司录制的全集版也是公认的经典，这套唱片曾
获得过《企鹅唱片指南》的最高评价。帕尔曼之于我，则是成长
期的难忘记忆。在我刚刚开始接触古典音乐的时候，正值帕尔曼
的"当红期"，很多经典的小提琴作品，我最初听的基本都是帕
尔曼的版本。这套《无伴奏小提琴奏鸣曲和帕蒂塔》最初以双张
正价发行，后来出了"大师系列"的中价版。跟格洛米欧的演绎
相比，帕尔曼在速度上显得稍慢了些，情感方面亦不像格洛米欧
那么"克制"。这种差异并不是技术层面的问题，而是不同年代
之间的艺术审美观的差异。

　　英国的女性小提琴演奏家蕾切尔·伯吉尔在荷兰"古典

帕尔曼演奏版

频率"唱片公司录制的《无伴奏小提琴奏鸣曲和帕蒂塔》全集录音发行于 2002 年，唱片封面上写明这位端庄迷人的小提琴家使用的是"巴洛克小提琴"，也就是说这是一套本真风格的全集。

在浩如烟海的《无伴奏小提琴奏鸣曲和帕蒂塔》的唱片中，不能没有女性小提琴家的演绎，蕾切尔·伯吉尔的唱片是我非常钟爱的一款。

出生在 1979 年的小提琴家希拉里·哈恩录制的第一张专辑就是巴赫的《无伴奏小提琴奏鸣曲和帕蒂塔》，那时她才十七岁。"小姑娘"把可听性最强的第三组"帕蒂塔"放在唱片的开始部分，再加上难以掩盖也无需掩饰的、扑面而来的青春气息，让希拉里·哈恩的"处女碟"成了好评率极高的专辑。这张唱片只收录了"第三组曲"和第二、第三组"帕蒂塔"，是整套《无伴奏小提琴奏鸣曲和帕蒂塔》的"下集"。希拉里·哈恩一直到最近几年才在 Decca 唱片公司录制了当年在 Sony 未能录制的"上集"，不过我却再没兴趣收了。

德国的大卫·加瑞特曾被认为是难得的小提琴神童，他在 DG 唱片公司出版首张个人演奏专辑时才十五岁，收录的曲目是贝多芬的《春天奏鸣曲》和巴赫的《无伴奏小提琴奏

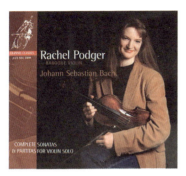 

伯吉尔演奏版　　　　　　　哈恩演奏版

鸣曲和帕蒂塔》中的第二组"帕蒂塔"，就是收有《恰空》的那一组。当时大卫·加瑞特是 DG 公司力捧的新锐，但是长大后的他却因为演奏古典音乐而患上了忧郁症，最后还是因为摇滚乐获得了新生。所以，现在的大卫·加瑞特是长发飘飘的摇滚小提琴演奏偶像。很多古典乐迷都为大卫·加瑞特可惜，其实只要他还在演奏小提琴，对他个人来说，就不算坏事。如果我们再仔细听听他十五岁时的"处女专辑"，就会发现，那时他的演奏风格真的不大像十五岁的少年，总体而言是想法太多。德裔演奏家往往都非常重视细节，更重视每一个音符背后要表达的东西。如果这种表达与流畅发生冲突，那么一般情况下，德裔演奏家往往宁可不要流畅，也要表现细节。十五岁的大卫·加瑞特还远远不是大师水准，但却有一颗大师的心：他太想表现细节了，结果我们就听到了一段演奏时间最长的《恰空》，长度为十九分五十秒。当然，由于成年后的他开始主攻摇滚小提琴，估计我们是无缘听到他再度录制《恰空》了，更别说整部《无伴奏小提琴奏鸣曲和帕蒂塔》。

一代琴王雅莎·海菲兹虽然录制过巴赫的《无伴奏小提琴奏鸣曲和帕蒂塔》，但海菲兹并不以演奏巴赫著称，而且我总觉得他演绎的巴赫发力过猛——技术上无可挑剔，却总不能让人喜欢。但还是要推荐一个海菲兹的精彩现场：1972年10月23日，雅莎·海菲兹以七十一岁高龄举行了最后一场演奏会。这场演出的下半场，他演奏了《无伴奏小提琴奏鸣曲和帕蒂塔》中的第三组"帕蒂塔"中的《前奏曲》《卢尔舞曲》和《吉格舞曲》，虽是"残篇"，也是非常珍贵的历史见证。海菲兹是一位你可以不喜欢，却不能不佩服的演奏大师。曾有一种说法：海菲兹七十一岁的演绎跟二十一岁时的完全

大卫·加瑞特演奏版

一样。过去我曾认为这是"神话传说"，听过他《最后的演奏会》的唱片之后，我才知道这是真的，七十一岁的海菲兹在技术上未见丁点儿老态。

跟海菲兹同时代的小提琴演奏大师内森·米尔斯坦举办告别音乐会时已经八十二

岁，仅比海菲兹小一岁，却在 1986 年才告别舞台，比海菲兹多坚持了十一年。相比之下，米尔斯坦的名气跟海菲兹相比稍逊一些，但艺术生命力要比海菲兹更胜一筹，因为八十二岁的米尔斯坦在最后的音乐会上选择的是巴赫的《恰空》，其他曲目跟海菲兹的告别音乐会相比，无论是难度还是深度都更让人称道。很难想象八十二岁的老人可以把《恰空》演奏得如此鲜活，如此生动。这场音乐会的实况录音由 Teldec 唱片公司发行，非常值得收藏。

由于《恰空》是《无伴奏小提琴奏鸣曲和帕蒂塔》中知名度最高且演奏难度很大的曲目，因此，出现了很多精彩的改编版，特别是钢琴演奏大师、作曲家布索尼的钢琴改编版是许多钢琴演奏家非常钟爱的演奏曲目。意大利的钢琴大师米凯兰杰利在 1948 年 10 月录制的版本虽是单声道录音，却非常精彩。米凯兰杰利录制这版《恰空》时才二十八岁，正

海菲兹现场版

米尔斯坦现场版

钢琴改编版

值壮年，演奏风格还不像晚年时那么"冰冷"。EMI 唱片公司"参考系列"CD 的封面选用的米凯兰杰利的照片显得很"酷"，乍看起来很像是一幅旧时电影明星的宣传照。

2008 年，DG 唱片推出了"狼姐"海伦·格里莫的《巴赫》专辑，里面除收录了布索尼改编的《恰空》之外，还有她和不莱梅室内乐团合作的巴赫的《d 小调羽管键琴协奏曲》的钢琴版及其他巴赫的键盘独奏曲目和改编版。不可否认，格里莫属于非常"养眼"的法兰西美女型钢琴家，但这位爱养狼的美女在演奏时却是一个非常有个性的角色。这是一张让人"爱恨交织"的巴赫，喜欢的自会喜欢，不喜欢的则肯定不屑一顾。我当然是力挺"狼姐"的。

2015 年，法国 Erato 唱片公司推出了一位法国"酷哥"：让·朗多。从唱片封面上的照片来看，这位演奏家很年轻、很时尚，但手中的乐器却是古老的羽管键琴。让·朗多的首张唱片是巴赫的作品专辑，里面收录了羽管键琴演奏的《恰空》，来自作曲家勃拉姆斯的改编。勃拉姆斯虽是家喻户晓的音乐大师，但他改编的《恰空》唱片版本却不多，更何况是羽管键琴演奏版的。不过，坦率地说，似乎《恰空》并不适合用羽管键琴演绎，但也不妨听个新鲜。除了改编版《恰空》之外，让·朗多的《巴赫遐想》专辑还录制了巴赫的大儿子威廉·弗里德曼·巴赫改编的两首《无伴奏小提琴奏鸣曲和帕蒂塔》选曲。

2018 年，Erato 唱片公司出版了一张名为《巴赫灵感》的吉他演奏专辑，收录的是年轻的吉他演奏家蒂鲍特·加西亚演奏的跟巴赫有关的改编曲，其中就包括加西亚自己改编的《恰空》的吉他演奏版。其实吉他跟小提琴相比，一点儿也不"现代"，都是有着悠久历史的古老的乐器。吉他版的《恰空》大概是众多的《恰空》版本中，可听性最强的。

除了《恰空》，还有不少选自巴赫的《无伴奏小提琴奏鸣曲和帕蒂塔》的改编曲目，必须了解的是作曲家拉赫玛尼诺夫的改编，他还是一位技艺高超的钢琴演奏大师。他曾改编过巴赫的《无伴奏小提琴奏鸣曲和帕蒂塔》中可听性最强的第三组"帕蒂塔"里的《前奏曲》《加沃特舞曲》和《吉格舞曲》。由于拉赫玛尼诺夫当年也是唱片业的明星级人物，所以，尽管他的演奏录音都是单声道，也是不能不听。RCA 唱片公司曾发行过一张《拉赫玛尼诺夫演奏拉赫玛尼诺夫》专辑，里面收了他演奏的自己改编的巴赫的"第三帕蒂塔"中的三段选曲，录制时间是 1942 年。唱片封面上可见演奏家的两只"巨手"，先天优厚的条件让拉赫玛尼诺夫的作品

格里莫演奏版

羽管键琴演奏版

吉他演奏版

拉赫玛尼诺夫改编版

总是有着很高的难度，成为日后众多钢琴家必须面临的挑战。而对他自己来说，完全可以轻松胜任。

恰空舞曲

用心良苦却成空

《勃兰登堡协奏曲》

殿下：

两年前，遵殿下仁慈之命而献奏，随即我领悟到殿下对上帝赐我的微薄之音乐才能有些欢喜。辞别时，殿下惠我荣誉，嘱我呈送殿下一些我写的小曲。我遵照殿下最宽大的命令，冒昧地尽我最卑贱之职责，呈递殿下用几种乐器改编的协奏曲，最恭顺地恳求殿下，请不要以殿下对音乐作品的严格的、高贵又文雅的、举世闻名的审美观点来评判它们的粗陋。请殿下赐予仁慈的体谅，这些小曲是我在此用以衷心地向殿下表示深厚的敬意和最卑贱的顺从。从此，我极其卑贱地恳求殿下，请殿下对我继续惠予宽大仁慈的厚爱，我保证再也没有比我的心

更忠实的了，愿我将配得上随时为殿下和殿下的宗
教仪式及杂物所雇用——我的热心是一直都在的。

您的最卑贱的最顺从的仆人：约翰·塞巴斯蒂安·巴赫

科腾，1721年3月24日

　　这是一封"永载史册"的态度谦卑至极的"自荐信"，
写信的人就是日后被尊称为"近代音乐之父"的巴赫。但是
从信中的措辞上看，"音乐之父"当年的江湖地位实在是不
怎么样。不过，如果我们把视角拉回到巴赫的那个年代，也
就可以理解，虽然巴赫当时的日子可以算得上衣食无忧，但
音乐家当时的地位就是级别高一点的仆人，而且无法摆脱自
己被雇佣的身份。

　　这封"自荐信"是巴赫用法文写的，因为当年欧洲的贵
族圈以说法语为最高时尚。信中的"殿下"指的是勃兰登堡
侯爵，这六组乐曲巴赫在乐谱上的命名为《用几种乐器的六
首协奏曲》。后来，巴赫第一部传记的作者把这六首协奏曲
叫作《勃兰登堡协奏曲》，从此成为这六首协奏曲约定俗成
的名字，勃兰登堡侯爵就这样因为巴赫的呈献而永远地留在
了音乐史上。但是当年，勃兰登堡侯爵却从未理会过这六首
协奏曲，估计连看都没看一眼，巴赫的谦卑换来的是"用心
良苦却成空"。

曾经有一种说法认为，巴赫在陪着列奥波特公爵去卡尔斯巴德泡温泉的时候遇见了勃兰登堡侯爵，侯爵在听过巴赫和他的乐师们演奏之后，赞赏有加，于是就有了巴赫的呈献。这种说法看似时间、地点、人物都对，可实际上却跟巴赫的那封谦卑的自荐信中的时间对不上，因为信的开头，巴赫提到的时间是"两年前"，落款的时间是 1721 年，但巴赫陪同列奥波特公爵去卡尔斯巴德的时间是 1718 年和 1720 年，无论是哪一次，都不符合信中的 1721 年的"两年前"。

1721 年的"两年前"只能是 1719 年，那么在 1719 年，巴赫和勃兰登堡侯爵见过面吗？

1719 年，巴赫曾去柏林"出差"。当时，列奥波特公爵向柏林的乐器制造商订购了最新型的古钢琴。当乐器制成之后，巴赫亲自前往柏林验收。他在柏林邂逅了勃兰登堡侯爵，很可能为侯爵现场弹奏了新型的古钢琴并得到了侯爵的"点赞"。巴赫在信的开始写着："遵殿下之命献奏"，所以很有可能是勃兰登堡侯爵在听过巴赫的"独奏"之后表示：有机会让我也听听你的乐队的合奏。侯爵的一句无心之语让巴赫上了心，于是就有了那封我们引用的巴赫的信。

不过，巴赫只是见过勃兰登堡侯爵，并不了解侯爵家中乐队的情况，否则，他就不会呈献给侯爵这么"大"的作品了。虽然六部《勃兰登堡协奏曲》每一部的乐队规模都不算大，最后一部的演奏乐手只需七个人。但勃兰登堡侯爵的宫廷乐队只有六名乐师，根本无法达到《勃兰登堡协奏曲》的最低演奏需求。当然，如果勃兰登堡侯爵真的想让自己的乐队演奏巴赫的作品，扩招几名乐师对他来说根本不叫事儿。因此只能是勃兰登堡侯爵在见过巴赫之后，把跟巴赫说过的所有的话都忘了，也很有可能再也不会"惦记"巴赫是否能如约完成创作。所以，巴赫的作品一直沉睡在侯爵的杂物室里。在侯爵死后，这套《勃兰登堡协奏曲》的乐谱被当成破烂儿给卖了，幸亏被巴赫的一名学生发现，乐谱才没有遗失。

虽然《勃兰登堡协奏曲》没入勃兰登堡侯爵的"慧眼"，但却不能说巴赫生前没听到过自己的作品被演奏，因为这六首协奏曲的创作方式显然是为了展示列奥波特公爵的宫廷乐队的乐师们的精湛技艺，不仅乐器组合花样繁多，表达手法更是多种多样，很难想象巴赫创作时如果没有经过乐队的视奏，音乐的表现力能达到现在我们听到的这个样子。

《勃兰登堡协奏曲》带着浓郁的巴洛克时期"复式"协奏曲的特色，那时的音乐崇尚的最高美学标准是"对比"，即用不同乐器之间音色与音量的对比来表现出音乐的魅力，管乐器与弦乐器之间，独奏乐器与乐队之间均可表现出这种"对比"。这类协奏曲的最大特点是有两种或两种以上的独奏乐器，《勃兰登堡协奏曲》的每一部均可分为主奏乐器组和协奏乐器组。不过《勃兰登堡协奏曲》是"复式"协奏曲的突破之作，已初具日后古典时期的协奏曲的雏形。我们简单地给大家介绍一下《勃兰登堡协奏曲》的音乐特色：

第一首：F 大调。主奏乐器为双簧管、圆号、大管，协奏乐器为弦乐组和演奏低音声部的羽管键琴，音乐风格是六首《勃兰登堡协奏曲》中最"华丽"、最具巴洛克器乐协奏曲风范的一部，也是唯一一部由四个乐章构成的协奏曲。其中慢板乐章优雅动人，最后的终曲则是一系列的舞曲连奏。

第二首：F 大调。主奏乐器为小号、竖笛、双簧管、小提琴，协奏乐器为弦乐组及羽管键琴。可以肯定的是，这部协奏曲肯定在科腾的列奥波特公爵的宫廷乐队中演奏过，因为他的乐师中就有一位演奏技艺不俗的小号手。这也是六首《勃兰登堡协奏曲》中情绪最欢乐，音色最洪亮的一部。

第三首：G 大调。由两个乐章构成，编制为十一位乐手演奏。这首协奏曲没有主奏乐器，由弦乐组和羽管键琴演奏。相对来说是六部《勃兰登堡协奏曲》中最为朴实的一首，但却是最具突破性的一部。

第四首：G 大调。主奏乐器为小提琴和竖笛（或长笛）。协奏乐器为弦乐组及羽管键琴。音乐带着田园曲风，开始和结束的乐章都有迷人的小提琴炫技式的演奏和同样迷人的竖笛（或长笛）的二重奏。

第五首：D大调。主奏乐器为羽管键琴、竖笛（或长笛）、小提琴，协奏乐器为弦乐组。这是六首《勃兰登堡协奏曲》中最具突破性的一首，也是音乐史上第一次在协奏曲中把羽管键琴用作跟长笛和小提琴一样的独奏乐器，巴赫无意间开了先河。可以讲，如果没有这首《勃兰登堡协奏曲》，我们很难想象后来的钢琴协奏曲会在什么时候才能出现，《第五勃兰登堡协奏曲》奠定了键盘乐器协奏曲的历史基础。在那个年代，羽管键琴要么作为独奏乐器出现，要么在乐队里只是一件和弦乐器，正是因为有了这首《勃兰登堡协奏曲》，羽管键琴的地位才开始逐步"腾飞"。到今日，钢琴已是公认的"乐器之王"，如今的众多钢琴演奏"大咖"都欠巴赫一个人情，尽管巴赫从未见过现代钢琴。

第六首：降B大调。演奏乐手仅为七人，同样不分主奏乐器和协奏乐器，由中提琴唱主角，音色古朴、典雅，是六部《勃兰登堡协奏曲》平静的尾声。

富特文格勒演奏版

虽然《勃兰登堡协奏曲》不受被题献者的待见，但如今已是最热门的古典音乐作品之一，不仅现场演出的频率非常高，在唱片业的黄金时代也留下了数不清的录音版本。在二战之前就有过非常精彩的《勃兰登堡协奏曲》的唱片，但对于单声道的历史录音，只推荐一个"残篇"：1950年是巴赫逝世200周年，为此在当年的萨尔兹堡音乐节上，指挥大师威廉·富特文格勒指挥维也纳爱乐乐团特别演出了巴赫的《勃兰登堡协奏曲》的第三首和第五首。其中第五首的钢琴主奏由指挥富特文格勒兼任，这可能是唯一的富特文格勒一边演奏钢琴、一边指挥乐队的现场录音。当年EMI唱片公司发行的唱片封面就是富特文格勒演奏钢琴时的现场留影。那时本真演奏还处于朦胧阶段，用现代乐器来演奏巴赫的作品是惯例。在这个现场版中，担任小提琴主奏的是当时维也纳爱乐乐团的首席小提琴家威利·波斯科夫斯基，他曾连续二十五年担任维也纳新年音乐会的指挥，在1974年还作为维也纳爱乐乐团的首席来我国演出过。这样珍贵的历史录音，对喜欢富特文格勒的音乐爱好者来说，吸引力之大不必多说，现在亦是珍贵的历史资料。

随着本真演奏逐渐兴起，复古逐渐成为时尚，寻求巴

意大利音乐家合奏团全集版

赫音乐的最初形式成为众多音乐家的追求。1965 年，当时的 Philips 唱片公司推出了意大利音乐家合奏团演奏的《勃兰登堡协奏曲》的全集录音，这可能是唱片史上第一套带有本真演奏风范的"全明星"演出。除了意大利音乐家合奏团的乐师之外，担任小号主奏的是演奏大师莫里斯·安德烈，担任双簧管主奏的是演奏大师亨兹·霍利格尔。特别值得一提的是，日后的本真演奏指挥名家弗朗茨·布鲁根在这套录音中担任竖笛主奏，录音中还使用了羽管键琴、古中提琴等本真乐器。在本真演奏完全兴盛之前，这个录音可以算得上是先行者。在 CD 时代，Philips 唱片公司曾将这个录音以廉价双张的 Duo 系列发行，物美价廉，颇为超值。

　　管风琴演奏家、指挥家卡尔·李希特的乐队叫慕尼黑巴赫乐团，从团名上就可以看出这支乐团的权威性。1968 年，

卡尔·李希特全集版

卡尔·李希特和他的慕尼黑巴赫乐团在 DG 旗下的古乐品牌 Archiv 录制了六首《勃兰登堡协奏曲》。受当时的条件限制，卡尔·李希特的乐队其实用的也是现代乐器，所以在本真演奏繁荣兴盛的今天，这套曾获得巨大好评

的唱片如今显得有些过时。但是，这个李希特和慕尼黑巴赫乐团的录音拥有一个其他艺术家望尘莫及的荣誉 —— 这是一张登上太空的"金唱片"。1977 年，"旅行者"宇宙飞船奔赴太空的同时带上了一张名为"地球之音"的"金唱片"，收录了地球上各种文化及生命的声音，第一段音乐就是李希特指挥慕尼黑巴赫乐团演奏的巴赫的《第二勃兰登堡协奏曲》的第一乐章，太空版的《勃兰登堡协奏曲》就是出自这套唱片。按推算，"旅行者金唱片"至少要在四万年后才有可能被发现，所以，李希特的这个录音在数万年后还会继续遨游太空。

1969 年，英国的音乐家布里顿指挥英国室内乐团在 Decca 唱片公司录制了六首《勃兰登堡协奏曲》。在所有《勃兰登堡协奏曲》的唱片中，这是一套绝对不能忽视的版本。跟其他指挥名家不同，布里顿是一位 20 世纪优秀的作曲家。如果说其他的演奏录音是指挥家对巴赫作品的理解，那么布里顿指挥的版本则是一位作曲家对另一位作曲家的经典作品的二度诠释。

1973 年，法国 Erato 唱片公司录制了指挥家让·弗朗索瓦·帕拉德和以他的名字命名的室内乐团的《勃兰登堡协奏曲》的全集。这套唱片虽然也不是百分之百的本真演奏，但处处体现着复古的追求，也是一个"全明星"阵容：除了指挥之外，莫里斯·安德烈又在这套唱片里担任了小号主奏，

布里顿指挥版

Erato全集版

长笛演奏大师让·皮埃尔·兰帕德担任长笛主奏。名家出手，自是不凡。

　　1981年，Philips唱片公司继意大利音乐家合奏团的"全明星"阵容之后又发行了另一套"全明星"录音：指挥名家马里纳和他的圣马丁室内乐团的《勃兰登堡协奏曲》。除了乐队和指挥都是当时古典音乐唱片业的"大咖"之外，担任小提琴主奏的是演奏大师亨利克·谢林，双簧管主奏依然是在意大利音乐家合奏团的唱片中出现过的亨兹·霍利格尔。同时，担任竖笛主奏的是当年迷人的新星蜜凯拉·佩特瑞，长笛主奏是让·皮埃尔·兰帕德。圣马丁室内乐团在当年创下过不少古典音乐唱片的销售纪录，这套唱片也是多年的常销品种，最为超值的是将六首《勃兰登堡协奏曲》和圣马丁室内乐团演奏的巴赫的四部《乐队组曲》一起收录的 Trio "小三张" 廉价系列，三张 CD 只卖一张的价格。

　　1982 年，英国的古乐大师、本真演奏的复兴者特雷弗·平诺克在 DG 旗下的 Archiv 出版了他创建的英国协奏团的《勃兰登堡协奏曲》的全集录音，这是唱片史上第一套完全的本真演奏的录音。平诺克的艺术宣言是：你演巴赫用你的方式，我演巴赫用他的方式。也就是说，平诺克的英国协奏团的演奏家们不仅眼前的乐谱是巴赫的原作，手里的乐器也是按巴赫那个年代的标准制作。当然，不可能百分之百地把昔日的文物级乐器彻底修复，但在 20 世纪 80 年代，制作新的古乐器已是潮流。这套唱片让乐迷真正领略到了巴赫的《勃兰登堡协奏曲》的 "本来面目"。后来 Archiv 又把平诺克和英国协奏团录制的巴赫的四部《乐队组曲》跟六首《勃兰登堡协奏曲》合在一起的三张 CD 的套装，以中价发行，至今仍

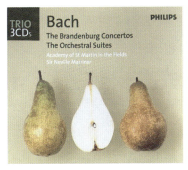 

马里纳全集版　　　　　平诺克全集版

霍格伍德原始版

在唱片公司的发行目录上。

英国是本真演奏的重镇，就在 Archiv 发行了平诺克号称百分百重现巴赫演奏方式的《勃兰登堡协奏曲》四年后，即 1985 年，英国的另一位古乐名家克里斯托弗·霍格伍德和他的英国古代音乐学院乐团在 Decca 唱片公司旗下的古乐品牌"琴鸟"录制了《勃兰登堡协奏曲》全集。这套唱片的最大卖点是：恢复了原始版本《勃兰登堡协奏曲》。霍格伍德号称：找回了巴赫最早在科腾创作的《勃兰登堡协奏曲》的原始手稿。跟巴赫呈献给勃兰登堡侯爵的版本不同，原始版《勃兰登堡协奏曲》的第一首只有三个乐章，并不是我们习惯听到的四个乐章，而且最后一个乐章也有所不同，其他的几首也都略有差异。大概是因为"原始版"的关系，霍格伍德的这套《勃兰登堡协奏曲》演奏速度奇快，六首《勃兰登堡协奏曲》的总演奏时间加在一起不过八十分钟多一点，应该是当时所有的唱片录音中，演奏速度最快的一套。后来 Decca 发行了这个录音的廉价小双张，还附加了多部霍格伍德和古代音乐学院乐团演绎的巴赫的其他经典佳作。

　　1987 年，DG 旗下的 Archiv 推出了小提琴演奏家戈贝尔和他的科隆古乐团演奏的《勃兰登堡协奏曲》的录音，这又是一个本真演奏。虽然戈贝尔和科隆古乐团演奏的并非霍格伍德他们号称的"原始版"，但戈贝尔的演奏速度一样奇快，以至于当年"权威"的《企鹅唱片指南》只给了一颗星的"差评"，但我却非常喜欢他们的这种快。DG 后来曾推出过一个廉价双张的"全景图"系列唱片，其中的一套巴赫的专辑除了这套《勃兰登堡协奏曲》之外，还有平诺克和他的英国协奏团演奏的巴赫的几部经典协奏曲，可谓强强联合。

　　还是在 1987 年，不设指挥的启蒙时代乐团开始在 Virgin 唱片公司录制《勃兰登堡协奏曲》。启蒙时代乐团不仅乐器复古，连演出方式都百分百地恢复当年的形式——巴赫的那个年代，乐队没有专职指挥，这支乐团也没有专职指

戈贝尔全集版　　　　　　启蒙时代乐团的全集版

挥。这套唱片于1988年发行，演出阵容实际上也是"全明星"阵容，担任乐器主奏的基本都是当年新锐的本真演奏名家。Virgin曾把这个录音制成廉价双张发行，虽然不像其他公司的廉价系列那样附赠其他曲目，但已是相当超值了。

　　1989年，英国EMI唱片公司又推出了一支叫作"小酒馆演奏家"的本真乐团演奏的《勃兰登堡协奏曲》的全集录音，这支乐队的领导者是安德鲁·帕罗特，也是英国人。他的艺术理念更加复古，不仅使用古乐器，甚至连乐队的队名都叫"小酒馆"，也就是说，要把古典音乐的演出地恢复到当年最"兴盛"的地方——小酒馆。当年莱比锡的齐默尔曼咖啡馆的确曾是巴赫和他的乐手们的"演奏基地"，既然咖啡馆能演巴赫，小酒馆里也应该没问题。安德鲁·帕罗特和他的"小酒馆演奏家"的唱片在1999年以Virginclassics的品牌再版，新版由四张CD组成，除了《勃兰登堡协奏曲》之外，还收

小酒馆乐队全集版

录了安德鲁·帕罗特指挥波士顿早期音乐节乐团演奏的四部巴赫的《乐队组曲》。为超廉价版本，四张CD只卖一张的价格，在实体唱片的时代，以低廉的价格、清新飘逸的演绎风格吸引了众

多的音乐爱好者。

　　Virgin 唱片公司在 1991 年"逆流"推出了一个苏格兰室内乐团演奏的非本真版的《勃兰登堡协奏曲》，虽然跟昔日李希特的版本相比，苏格兰室内乐团的演奏绝对是古色古香，但跟当时的复古潮流相比，又显得那样与众不同。这个录音也制成了廉价双张，虽售价不高，但当年 Virgin 公司的廉价双张系列 CD 的封面都非常精美，增加了吸引力，特别是在唱片时代已经过去的今天更是让人心生感慨。

　　2006 年，曾经以廉价著称的 Naxos 唱片公司推出了瑞士巴洛克独奏家乐团演奏的《勃兰登堡协奏曲》，这也是一套本真演奏录音。瑞士和北欧都是音乐重镇，名家辈出。现在 Naxos 早已不是过去的廉价品牌，他们已是世界上最大的古典音乐唱片品牌。这套唱片的装帧设计虽然保持了 Naxos

苏格兰室内乐团全集版

Naxos全集版

一贯的低调，但质量上乘，演奏出色。

2007年，指挥大师阿巴多和他建立的莫扎特管弦乐团举行了《勃兰登堡协奏曲》的现场演出，这场演出先是发行了影碟，后来，DG唱片公司发行了CD版本。晚年的阿巴多开始涉猎本真演奏，莫扎特管弦乐团就是他的"古乐品牌"。这套《勃兰登堡协奏曲》是21世纪的"全明星"阵容：乐队首席是小提琴名家朱利亚诺·卡米尼奥拉，羽管键琴由古乐名家奥塔维奥·丹通演奏，演奏竖笛的是昔日的美女演奏家蜜凯拉·佩特瑞，如今她虽年迈，但风韵犹存。这些高手因阿巴多的号召力而聚在一起，阿巴多也清楚地知道他们的"本领"。所以，演奏《第六勃兰登堡协奏曲》时，阿巴多干脆就没有登台，而是让七位演奏家任意挥洒。可惜的是，莫扎特管弦乐团在阿巴多去世之后就无人为继，成了历史名词。

阿巴多全集版

这个乐团因阿巴多而建立，也因阿巴多的去世而消失。

最后再说一张跟《勃兰登堡协奏曲》有关的特殊的唱片，当年还曾荣获格莱美年度最佳古典音乐专辑奖，就是问世于20世纪60年代的《电子巴赫》（Switched-On Bach），是

音乐人温蒂·卡洛斯用当时新
鲜的 Moog 电子琴演奏的巴赫
的作品，其中包括改编版的《第
三勃兰登堡协奏曲》。这张唱
片在当年曾引起轰动，还带动
了用 Moog 电子琴演奏古典音
乐名篇的浪潮。如今听来，那
时的 Moog 电子琴的音色如同

《电子巴赫》专辑封面

最原始的"俄罗斯方块"的游戏配乐，已显得完全过时。虽
然对老乐迷来说，还是有着别样的难忘的回忆，但跟巴赫的
音乐相比，曾经的新鲜音色早已陈旧，标准的古色古香却依
然不断焕发着常听常新的魅力。

"圣经" 乃是 "育儿经"

《平均律键盘曲集》

　　《平均律键盘曲集》，或者可以叫作使用全部调性写成的前奏曲与赋格，包括大三度（或 Do Re Mi）和小三度（或 Re Mi Fa）。适用于年轻的音乐学徒，以及在音乐艺术上达到一定水准、特别是需要借此打发时间的人欣赏。

科腾亲王乐队队长兼指挥

约翰·塞巴斯蒂安·巴赫 1722 年

　　这是巴赫在《平均律键盘曲集》第一卷的乐谱扉页上亲笔写下的文字，从中可以发现《平均律键盘曲集》是一部相对非常"平等"的练习曲，既可供学生们（巴赫用的字眼儿是"音乐学徒"）做练习曲，也可以供专业的音乐人士"打发时间"。《平均律键盘曲集》虽演奏门槛不高，却内涵无穷。既可供教学使用，又不是简单的练习曲，而是来自巴赫一次次的演奏实践。

《平均律键盘曲集》，顾名思义，指的是这套作品可以在任何一件键盘乐器上演奏，巴赫的那个年代，所谓"键盘"指的是羽管键琴、古钢琴等只要是带有键盘的乐器，也可以是管风琴。当然，巴赫没有见过现代钢琴，可是《平均律键盘曲集》在今日已被视作所有钢琴作品中的《旧约全书》（贝多芬的三十二部钢琴奏鸣曲则被视作是《新约全书》），也得到了众多日后的音乐名家的极度推崇，肖邦把《平均律键盘曲集》中的所有曲目一一仔细钻研、练习，舒曼干脆把《平均律键盘曲集》称为"所有音乐作品中的第一与唯一"。

可是，今日的音乐"圣经"当年只不过是巴赫的"育儿经"，巴赫写《平均律键盘曲集》的最初动机仅仅是给大儿子写一些练习曲。1720 年，就在巴赫失去妻子的那一年，他的大儿子威廉·弗里德曼·巴赫刚九岁，跟巴赫一样，他的儿子也是在九岁时就失去了妈妈。虽然是"幼年丧母"，但对于注定要子承父业的威廉来说，必须忍下悲痛，继续刻苦学习音乐。巴赫专门为儿子写了一系列的供孩子练习用的键盘音乐，包括日后成为经典的《二声部创意曲集》和《三声部创意曲集》。还有日后收进《平均律键盘曲集》的前十二首"前奏曲"。这些作品的共同特点是：都非常适合小威廉来演奏，也就是说，演奏难度并不大。

1721 年 12 月 3 日，约翰·塞巴斯蒂安·巴赫再婚，新的人生伴侣名叫安娜·玛德琳娜，那时才二十一岁。安娜跟芭芭拉一样，都有一副好歌喉，更是一位贤内助，帮助巴赫整理乐谱，教育孩子。巴赫在相对安逸的心境下于 1722 年完成了《平均律键盘曲集》的第一卷。

巴赫的文字中清楚地表明了《平均律键盘曲集》的创作方式：前奏曲与赋格。一首前奏曲加一首赋格曲的"搭配"不仅在当年是非常新鲜的，在今天，同样会让学习作曲的朋友感到"不可思议"。前奏曲是形式较为自由的即兴曲，赋格则是对位工整，在复调音乐中最为复杂和严谨的。

在此有必要解释一下什么是"赋格"。"赋格"是音译，它的原意在拉丁文里表示的是"追逐"。赋格开始时，先单独奏出一段较短的旋律，这就是主题。随后，另一个声部把主题移高五度或移低四度来模仿，好像是对主题旋律的应答。原来演奏主题的声部，则演奏和应答旋律相结合的对比旋律，这就是对题。

用枯燥的文字来解释音乐肯定是徒劳，但我还得继续用文字来表明巴赫的《平均律键盘曲集》的美妙。你只需听过第一段《C 大调前奏曲与赋格》，就可以感受到巴赫的亲切与伟大。亲切是因为这段旋律简单动听，琴童亦可演奏。伟大则是因为实际上"前奏曲"的所谓旋律只是一段分解和弦，相信只有巴赫才敢把它用作主题，而且赋格写得又是那么漂亮。在巴赫的《平均律键盘曲集》之前，音乐家约翰·卡斯帕·费尔迪南德·菲舍尔在1702年曾创作过一部由二十种不同的大调与小调的前奏曲与赋格组成的《前奏曲与赋格》，巴赫则在此基础上，考虑到了所有十二个半音上的大调与小调。

巴赫的次子卡尔·菲利普·埃玛纽埃尔·巴赫曾对巴赫的传记作者讲述过，巴赫在演出或排练前会亲手给所有的羽管键琴调音。如果乐器出了故障，巴赫也是自己动手，调换或校准羽管键琴的琴键或音色。也就是说，巴赫既是演奏家又兼任调琴师，这在当代已是两个专业，现在的钢琴手很难想象自己可以兼任调琴师。巴赫当年是一位调琴高手，卡尔·菲利普·埃玛纽埃尔·巴赫写给父亲的悼词中有这样一段："他能够把羽管键琴调试得纯净又精准，能让所有的音调听起来美丽动人。"

"让所有的音都能弹"，今天在现代钢琴上很自然的事情在巴洛克时期却是音乐人心中很高的目标，《平均律键盘曲集》是这种理念的实践成果。这部音乐经典最初只有第一卷，第二卷要到二十年后巴赫在莱比锡定居后才完成。

20世纪30年代是唱片业的第一个黄金时期，EMI唱片公司特别邀请了两位瑞士钢琴演奏名家，艾德温·菲舍尔和施纳贝尔，分别录制音乐史上的"旧约"和"新约"。施纳贝尔录制的是"新约"：贝多芬的三十二部钢琴奏鸣曲；艾德温·菲舍尔录制的是"旧约"：巴赫的《平均律键盘曲集》。两套唱片从1933年开始录制，艾德温·菲舍尔的《平均律键盘曲集》在1936年全部完成。在78转黑胶唱片时代，这是一套由二十四张老式黑胶唱片组成的大部头。CD时代，EMI先以"参考系列"发行了由三张CD组成的套装唱片，后来又收进了"EMI大师"系列，也是三张CD，中价发行。艾德温·菲舍尔是第一位一边演奏钢琴一边指挥乐队演奏巴赫的《钢琴协奏曲》的当代钢琴家，虽然演奏的还是现代钢琴，但却绝对算得上是日后本真演奏的先行者，所以他演奏的"平均律"是绝对不能错过的经典录音。虽然还是20世纪30年代的单声道录音，但无损巴赫作品的神韵，更保留了艾德温·菲舍尔黄金时期的非凡演绎精髓。

单声道录音中还有一个不应错过的经典，就是钢琴演奏大师沃尔特·吉塞金在1950年的录音，录制地点是

艾德温·菲舍尔演奏版

德国的萨尔布吕肯广播电台。
沃尔特·吉塞金在 1950 年 3
月 7 日录制了"第一卷"，
在 4 月 4 日和 5 日录制了"第
二卷"。老一辈的演奏家弹
起"平均律"，用的都是相
对较快的速度。这套珍贵的
历史录音最初只是萨尔布吕

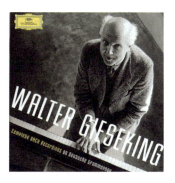

沃尔特·吉塞金演奏版 DG套装

肯广播电台的"音响资料"，并没有准备制成唱片发行。直
到 1971 年，DG 唱片公司才购得版权，发行了黑胶唱片。
CD 时代，这个录音竟长时间被 DG "忽略"，直到 2017 年，
才再版了沃尔特·吉塞金演奏的巴赫作品的合辑套装，里面
的所有录音均是第一次以 CD 形式发行。除《平均律键盘曲集》
之外，套装还收录了沃尔特·吉塞金录制的《二声部创意曲集》
《三声部创意曲集》，以及《为送别亲爱的哥哥而作的随想
曲》等巴赫创作的键盘独奏曲，这套录音对音乐爱好者来说，
属于"等待许久的传说中的录音"，其收藏价值不言自明。

　　立体声录音中，钢琴"怪杰"格伦·古尔德的"平均律"
当然是非常吸引人的。古尔德是在用巴赫的"泥土"和"砖
瓦"来搭建自己的音乐大厦，但是最后搭出来的是"乐高"——
经常变化还总有自己的"小心机"。与其说古尔德在演奏巴

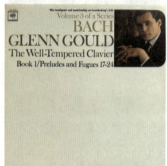

古尔德演奏版

赫，不如说古尔德在借助巴赫来演奏古尔德，这是古尔德的"平均律"最大的魅力，也是最突出的"缺点"。这套录音，CBS公司曾发行过三张CD的套装，Sony时期还出过两个双CD的套装。黑胶首版用了六张唱片的篇幅，每张唱片收录八组"前奏曲与赋格"。Sony再版的"原封系列"大套装CD不仅保留了每一张唱片首版时的封面，还完全再现了黑胶碟时代的播放时间。

另一位钢琴怪杰弗雷德里希·古尔达也是演奏巴赫的专家，跟古尔德放弃现场演奏不同，古尔达的"怪"全部展现于他惊世骇俗的现场表演，但是他的"平均律"却是规范至极的录音。这套完成于20世纪70年代的录音曾是Philips唱片公司的"拳头产品"，不过，这套录音实际上是为MPS唱片公司录制的，现在版权回到了MPS手中，2015年MPS发行了再版的CD套装。不过，CD的装帧设计得不好，乍看起来很像一套制作不错的"高仿碟"。可是这毕竟是古尔达的传奇录音原始母带的再制作，还是值得一听的。

我个人最喜欢的"平均律"是钢琴大师斯维亚托斯拉夫·李赫特的录音。李赫特一样是"有脾气"的钢琴家，除了这套"平均律"，他从来不弹任何意义上的全集。比如，贝多芬的五部钢琴协奏曲，他从来不弹其中最有名的"第五"，也就是《皇帝协奏曲》。肖邦的两组练习曲，每一段演奏时间不长不说，数量上也不是很多，李赫特也从来不弹全。他留下的唯一全集大概就是巴赫的《平均律键盘曲集》，还留下了两套录音，我收藏的是 RCA 公司的四张一套的"金封印"系列的中价版。如果说李赫特也是用巴赫的音符来搭建自己的大厦的话，那么他指下搭出来的就是尊贵奢华的宫殿，美不胜收。

古尔达版　　　　　　　　李赫特演奏版

2009 年，DG 推出了意大利钢琴演奏大师波利尼的《平均律键盘曲集》，尽管只有第一卷，但已是波利尼难得的巴赫的录音了。我对这套双 CD 的第一聆听感受是：波利尼竟然结合了李赫特和古尔德！波利尼的演绎当然和李赫特一样规范严谨，但或许是兴之所至，也或许是大师已到暮年，可以"随心所欲而不逾矩"，我竟然在开篇的《C 大调前奏曲

与赋格》的赋格部分中听
到了波利尼的低声哼唱!
都知道古尔德在演奏钢琴
时爱"哼哼",录音师根
本无法把他的哼唱与演奏
"分割",只好一并录下来,
这是古尔德的录音标志,
没想到竟然能在晚年的波

波利尼演奏版

利尼的录音中听到这种别样的"风采"。当然,波利尼玩儿
得不像古尔德那么过火,只是点到为止。波利尼严谨的个性
和流畅的演奏在这套"平均律"的录音中风范尽显,以他现
在的身体状况,估计很难再录"平均律"的第二卷了,但仅
此第一卷的录音就已足够精彩了。

钢琴家朱晓玫女士的《平均律键盘曲集》是唱片史上第
一套来自华裔演奏家的全集录音,仅此一点就足够引起我们
的重视。朱晓玫的成名过程非常独特,既不是因为在国际比
赛中获奖,也不是因为和大唱片公司签约,更没有任何在重
大演出时因临时"救场"而走红,朱晓玫甚至在四十岁前都
没有开过独奏会,她的走红完全是音乐爱好者口耳相传的结
果。因为她独特的艺术经历,使得很多乐迷无法"专心"去
对待她的录音,我们很难在聆听时不受"干扰",当然,

她不是美艳的钢琴家，但她的曲折往事肯定也会让很多朋友——至少我就是如此——无法就音乐论音乐。那么，朱晓玫的《平均律键盘曲集》演绎得到底好不好？

她在法国的 Mirare 唱片公司先录制了《平均律键盘曲集》的第二卷，然后才"回头"录制《平均律键盘曲集》的第一卷。我个人觉得，大概是因为先录制的"第二卷"，所以，"第二卷"要好于"第一卷"。按理说，应该是越靠后录制，演奏家的心得越多，演绎也应该"更上一层楼"，但我总觉得朱晓玫在稍后录制"第一卷"的时候想法太多了。她大概想恢复《平均律键盘曲集》的"教学属性"，但又无法在演奏的时候拒绝情感投入，似乎"苦涩"总和她形影相随。但巴赫的音乐——至少是"平均律"——是拒绝苦涩的，更别说因苦涩而显得晦涩。坦率地说，《平均律键盘曲集》确实很难让人一口气听完，毕竟有那么多段曲子。朱晓玫的"平均律"大概是让我听得最"累"的，也许我也忍不住随着她的琴声"浮想联翩"，也许是我在聆听的过程中一直试图努力去理解琴声背后的用意，可我发现这是徒劳。巴赫的"平均律"应该是轻松的——至少是相对轻松的聆听体验，但朱晓玫的"平均律"让人在聆听时却无法轻松。当然，这不是她的错。

《平均律键盘曲集》当然不能错过由羽管键琴演奏的版本，早在 20 世纪 30 年代，"老太太"兰多芙斯卡就曾在

RCA 唱片公司留下过录
音，但单声道的录音对
于钢琴可能还"凑合"，
对于羽管键琴就显得"丧
失不少神采"。所以还是
推荐一款当代的录音：本
真演奏名家鲍勃·冯·阿
斯佩恩于 1989 年录制的

古钢琴版

版本，他演奏的是一架制造于 1728 年的羽管键琴，正好是
巴赫创作《平均律键盘曲集》的时期。这套唱片原先在 EMI
发行，后来由 Virgin 唱片公司制成了一套 4CD 的廉价套装，
非常超值。

还要介绍一个收在德国汉斯勒唱片公司的巴赫作品全集
套装中的本真演奏名家罗伯特·莱文的演奏版，这个版本的
最大特色就是"五花八门"：罗伯特·莱文使用了各式各样

汉斯勒公司巴赫全集套装

的键盘乐器来完成全套的《平均律键盘曲集》，开始的几段他用羽管键琴演奏，后面又用上了其他规格的古钢琴，再后面又使用了管风琴，这样做的直接效果就是极大地增强了这套作品的可听性和趣味性。想来莱文的做法很有道理：在巴赫看来，枯燥无味的演奏对聆听者来说才是最不能容忍的。既然作品的标题为《平均律键盘曲集》，那多用几种键盘乐器来演奏，增强"趣味性"，可能才是最符合巴赫的原意的。

C大调第一曲

巴赫在咖啡馆

《d 小调羽管键琴协奏曲》

　　1733 年 6 月 16 日，《莱比锡新闻》刊登了这样一则报道："强力王"奥古斯特二世驾崩的全国服丧期结束后的首场音乐会将在明天（6 月 17 日）于坐落在卡塔琳娜大街的齐默尔曼咖啡馆举行，将为期盼许久的听众带来一首"从未听过的、前所未有的、全新的羽管键琴协奏曲"。担任羽管键琴主奏的正是这部协奏曲的创作者约翰·塞巴斯蒂安·巴赫，当时他的身份是莱比锡圣托马斯教堂的乐长兼管风琴手，同时还担任莱比锡音乐学社的负责人。

　　巴赫为什么从"安逸"的科腾来到莱比锡？莱比锡音乐学社又是个什么组织？为什么音乐会的演出场所竟然是一家咖啡馆？一切都得从十年前说起。

　　1723 年 2 月 7 日，约翰·塞巴斯蒂安·巴赫来到莱比锡，应征圣托马斯教堂的管风琴师兼合唱团指挥。就在巴赫再婚的同时，他在科腾的雇主列奥波特公爵也结婚了。这位狂热的音乐爱好者却娶了一位憎恶音乐的太太，她自然不喜欢巴赫。因为"枕头风"，公爵对巴赫的乐队下了手，只给乐队六名乐师的配额。虽然巴赫依然是乐队队长，但是在科腾已看不见美好的未来，所以他决定离开。巴赫在莱比锡的面试当然获得了好评，但他当时还不是圣托马斯教堂的第一选择，莱比锡的主管一心期待作曲大师格奥尔格·菲利浦·泰勒曼可以"屈尊"接受邀请，但泰勒曼分身乏术。不过莱比锡还有第二和第三选择，都不是巴赫。可是那些大师都拒绝了邀请，巴赫成了唯一人选。

1723 年 4 月 13 日，巴赫的"请调报告"被批准，列奥波特公爵为他保留了科腾宫廷乐队名誉队长的虚职。1723 年 5 月 5 日，巴赫与莱比锡市镇委员会签署合同，十天后领到了第一份薪水。5 月 16 日，巴赫首次在莱比锡的一所大学里表演。5 月 22 日，巴赫举家正式搬到莱比锡圣托马斯教堂的公寓。从此，巴赫在莱比锡一直工作到去世。

在莱比锡的前十年，巴赫的工作非常繁忙，可以讲，他被莱比锡的雇主们当成了"骡子"使用。除了必不可少的演奏管风琴、训练乐队、指挥合唱团的工作，巴赫在莱比锡还要负责每周一次必不可少的弥撒仪式的谱曲工作，也就是说，巴赫每个星期都要为教堂写一首新的大合唱，也就是"康塔塔"。逢重要的宗教仪式，巴赫还要创作大型的合唱曲。所以，我们现在可以看到巴赫的作品中有数百首宗教"康塔塔"，这还不包括那些遗失的"康塔塔"。巴赫必须保持创作灵感源源不断，而且还收不到一分钱的"作曲费"。巴赫也曾据理力争，但莱比锡当局完全不理会巴赫的正当要求不说，竟然还停发了巴赫的工资！巴赫只好妥协。

如此繁忙的工作之余，巴赫一直没有停止教学和创作"世俗音乐"。在时间上非常巧合的是：1723 年，巴赫来到莱比锡就职，也是在 1723 年，戈特弗里德·齐默尔曼把以自己名字命名的齐默尔曼咖啡馆的大厅提供给莱比锡音乐学社定期使用。莱比锡音乐学社成立于 1701 年，创始人是格奥尔格·菲利浦·泰勒曼。音乐学社每周聚会一次，从 1723 年开始，每周的聚会就成了在齐默尔曼咖啡馆的公开演奏。齐默尔曼不仅把大厅提供给音乐学社，还慷慨解囊，为学社添置了不少乐器。音乐学社拥有数十名技艺出色的音乐家，他们的每周聚会自是吸引了众多音乐爱好者，纷纷向齐默尔曼咖啡馆"购买门票"，音乐聚会因此就成了现在公开售票的音乐会。

从 1729 年开始，巴赫非常幸运地成为莱比锡音乐学社的负责人，这样巴赫又像之前在科腾时期那样拥有了一支技艺出众的乐队，他的不少器乐作品就有了公开演出的机会。跟现在的古典音乐演出形式不同，当年的音乐演奏都是"视奏"，也就是说，学社的演奏家们平时并不合练，在每周一次的聚会上，拿到新乐谱之后也不排练，直接正式演奏。这在今天看来有些不可思议，但却是巴洛克时期的"音乐标配"。巴洛克音乐的精华就是自由、即兴，从不刻板地死守着乐谱，巴赫就是即兴演奏的高手。

除了《莱比锡新闻》的报道之外，没有任何文字证据准确记录过巴赫和音乐学社的成员在齐默尔曼咖啡馆聚会时的演奏曲目，我们只能推断当年他们的演出曲目肯定包括那个时期的众多优秀音乐们的热门佳作，当然也少不了巴赫的作品。巴赫创作的那些在齐默尔曼咖啡馆首演的《羽管键琴协奏曲》让乐迷第一次真正地领略到：即使在管弦乐队的合奏下，羽管键琴也能做到音色清晰，这绝对是当时的"新音乐"。

目前，已发现的巴赫创作的《羽管键琴协奏曲》共有十三首，包括七首以一架羽管键琴为独奏乐器的协奏曲，以及三部《两架羽管键琴协奏曲》、两部《三架羽管键琴协奏曲》和最为别样的《a 小调四架羽管键琴协奏曲》。由四架羽管键琴做主奏乐器，不仅在当年前所未有，就是在今天，也属罕见。后来的莫扎特也仅是创作了一首《F 大调三架钢琴协奏曲》，贝多芬创作的《C 大调三重协奏曲》以小提琴、大提琴和钢琴为主奏乐器，虽"独一无二"，可是也未能超过巴赫《a 小调四架羽管键琴协奏曲》的"规模"。

　　非常遗憾的是，我们无从知晓当年《莱比锡新闻》报道中的那部"从未听过的、前所未有的、全新的羽管键琴协奏曲"到底是哪一首，但可以肯定，那一晚的演出非常成功，因为在此之后，巴赫坚定了创作更多羽管键琴协奏曲的信心。但是由于他的日常工作实在是忙，所以他把之前在科腾创作的部分小提琴协奏曲改编成了羽管键琴协奏曲，这里面比较特殊的是《d 小调羽管键琴协奏曲》，虽然是小提琴协奏曲的改编版，但巴赫的原作却不知所踪，仅留下了改编版的乐谱。

　　当年，巴赫把几首小提琴协奏曲的原稿交给了儿子卡尔·菲利普·埃玛纽埃尔·巴赫，让儿子改编成羽管键琴协奏曲。儿子的功力虽然跟父亲相比还显得稚嫩，可是《d 小调羽管键琴协奏曲》只留下了改编版。这部作品开始部分的旋律在我国的老乐迷听来一定非常熟悉，因为在四十年前，中央电视台《外国文艺》栏目的开始曲就是《d 小调羽管键琴协奏曲》的前奏。

　　当年，用羽管键琴作为协奏曲中的独奏乐器是巴赫首创，我们可以想象他在齐默尔曼咖啡馆演奏时的潇洒，何况还有众多慕名而来的"粉丝"，再加上孩子和学生们陪在身旁，这可能是巴赫最欢喜的时刻。不过，恰恰是因为巴洛克的即兴特色，虽然当年巴赫的即兴演奏有着众多的见证人，但如今只能是传说。不仅是《d 小调羽管键琴协奏曲》，还有很多巴赫的珍贵手稿都已遗失。

因为巴赫的很多羽管键琴协奏曲都是在齐默尔曼咖啡馆里首演的，所以我们很自然地会关注齐默尔曼咖啡馆室内乐团。既然这支古乐团以曾首演众多巴赫作品的地点为团名，自然会录制众多的巴赫的作品。2001 年，法国的 Alpha 唱片公司制作了齐默尔曼咖啡馆室内乐团演奏的巴赫作品系列专辑，首先发行的"第一辑"除收录了《d 小调羽管键琴协奏曲》之外，还录制了《第五勃兰登堡协奏曲》《e 小调小提琴协奏曲》等巴赫创作的协奏曲。齐默尔曼咖啡馆室内乐团的演奏绝对可以说得上是美不胜收，古色古香又活力十足。

2008 年，Decca 旗下的古乐品牌"琴鸟"推出了当时的本真演绎新锐——奥塔维奥·丹通和他的拜占庭学院古乐团演奏的四部巴赫的羽管键琴协奏曲，《d 小调羽管键琴协奏曲》为专辑的"大轴"。我真心喜欢这张唱片，不知道用什么样的赞美之词来形容它的可爱与鲜活，我想当年巴赫在

齐默尔曼咖啡室内乐团演奏版

奥塔维奥·丹通演奏版

齐默尔曼咖啡馆的演奏可能就是这个样子。

　　DG 唱片公司以 Archiv 品牌于 2015 年发行了出生于 1984 年的羽管键琴演奏家马汉·艾斯法罕尼的首张专辑《现在与过去》（Time Present and Time Past）。这张唱片很有创意，分别收录了巴洛克时期的音乐作品和 20 世纪的现代作品，"现在"与"过去"的音乐均由这位伊朗裔的演奏家用羽管键琴演奏。将"古代"与"现代"的音乐放在一张专辑并非艾斯法罕尼的发明，但很少有人把 20 世纪的作品改编成用羽管键琴演奏的，因此这张唱片就显得非常与众不同了。唱片的"大轴"曲目就是巴赫的《d 小调羽管键琴协奏曲》，艾斯法罕尼与德国科隆古乐合奏团一起奉献了一个非常古典又非常现代的演奏。艾斯法罕尼采用的是勃拉姆斯谱写的"华彩乐段"，更是把 17 世纪、19 世纪、21 世纪融合于一体。听过这张专辑之后的最大感受是：巴赫不古老，

艾斯法罕尼演奏版

平诺克全集版

现代作品也不年轻，鲜活的演绎永远可以让音乐保持出色。音乐并不分古典与现代，只有"好的音乐"与"不好的音乐"。

同样是在 Archiv 品牌，平诺克和他的英国协奏团录了巴赫所有的羽管键琴协奏曲，这个全集的首版在 1981 年发行过四张正价版，再版则以廉价的"Trio"系列发行，三张 CD 只售一张的价格，非常超值，是 Archiv 的"拳头产品"。

同样是本真演奏，曾录制过《平均律键盘曲集》的鲍勃·冯·阿斯佩恩和阿姆斯特丹梅兰特乐团分别在 1993 年至 1994 年间于 Virgin 唱片公司也录制了巴赫的十三首羽管键琴协奏曲，我收的是多架羽管键琴做主奏乐器的那一套廉价小双张，其中三首《两架羽管键琴协奏曲》的主奏是鲍勃·冯·阿斯佩恩和另一位古乐名家古斯塔夫·莱昂哈特，堪称强强联合。Virgin 的廉价小双张系列的封面设计一向典雅出色，虽是廉价唱片，却非常吸引人。

除了本真演奏之外，在所有用现代钢琴演奏的巴赫这些协奏曲的专辑中，前联邦德国总理赫尔穆特·施密特参与录制的《a 小调四钢琴协奏曲》（因为是现代钢琴为主奏乐器，所以原来的"羽管键琴"在此改称"钢琴"）的唱片可能是最独特、最吸引人的。赫尔穆特·施密特除了是一位政治家，钢琴造诣也不错。1985 年，DG 唱片公司推出了他和三位出色的钢琴家——克里斯托弗·艾申巴赫、尤斯图斯·弗朗兹，以及盖哈德·奥皮兹，一起录制的巴赫的《a小调四钢琴协奏曲》。唱片中除了这首总理参与的"主打"曲目，还包括三位专职钢琴家担任主奏的《d小调三钢琴协奏曲》，以及克里斯托弗·艾申巴赫和尤斯图斯·弗朗兹担任主奏的《C大调双钢琴协奏曲》。这张"全明星"巴赫专辑从1985年问世以来一直以正价发行，独特的魅力一直颇有"卖点"。

2019年，华纳古典推出了一张指挥家克劳迪奥·阿巴多年轻时的录音专辑。阿巴多在成名之前曾是职业钢琴家，他的父亲米开朗基罗·阿巴多曾创立过米兰弦乐团，年轻的阿巴多曾在父亲的指挥下，以钢琴手的身份演出过巴赫的《d小调钢琴协奏曲》。这张CD里收录的则更为珍贵，因为阿巴多演奏的是羽管键琴，曲目是巴赫的《a小调四架羽管键琴协奏曲》，阿巴多担任第四羽管键琴的主奏，录制时间是1962年，那年阿巴多二十九岁。这张唱片不仅保留下了年轻的指挥家的演奏风采，更让我们明白了，为什么阿巴多到晚年开始倾向于本真演奏，原来他从年轻时就是一位本真演奏的先行者。这张《阿巴多早期录音专辑》的封面采用的是阿巴多三十三岁时的照片，乍看起来像卡纳瓦罗。

由格伦·古尔德演奏钢琴，伦纳德·伯恩斯坦指挥纽约爱乐乐团协奏的《d小调钢琴协奏曲》的录音也属明星级组合，两位"古典大明星"的合作完成于1957年4月，那年格伦·古尔德二十五岁。这个录音虽是单声道，却极具吸引力。后来，Sony 唱片公司推出了"伯恩斯坦世纪"系列唱片，《巴赫专辑》除收录《d 小调钢琴协奏曲》之外，还收录了由小提琴名家艾萨克·斯特恩主奏，伯恩斯坦指挥纽约爱乐乐团协奏的《E 大调小提琴协奏曲》，伯恩斯坦在指挥乐队的同时还演奏羽管键琴，这是极大的卖点，不过这张唱片的录音质量非常一般。

1965 年 1 月，当时二十九岁的钢琴家弗拉基米尔·阿什肯纳吉在 Decca 唱片公司录制了《d 小调钢琴协奏曲》，跟他合作的是伦敦交响乐团，指挥是大卫·金曼。必须承认，以现在的视角听来，那时管弦乐团的音色太厚重了。可是，阿什肯纳吉的演绎却是不可不听。他是一位以"轻"著称的钢琴家，后来又是有名的"全集演奏家"，因为他在 Decca 几乎录制了所有经典的钢琴作品，包括贝多芬的三十二部钢琴奏鸣曲、莫扎特的全部钢琴协奏曲，等等。1965 年，正值他唱片录制事业的"萌芽"，他还不像后来那么"累"。阿什肯纳吉的《d 小调钢琴协奏曲》首版 LP 上的另一部作品是肖邦的《第二钢琴协奏曲》，再版 CD 又加上了莫扎特的《第六钢琴协奏曲》，都是值得重温的演绎。

虽然现在大多数的乐迷（包括我）已习惯听本真演奏的巴赫的作品，但并不等于现代钢琴就彻底与巴赫告别。2011 年，法国的钢琴家亚历山大·塔霍在 Virgin 唱片公司录制的巴赫专辑的开篇曲目就是用现代钢琴主奏的《d 小调钢琴协

Virgin古乐全集版

施密特版

阿巴多历史录音版

古尔德、伯恩斯坦版

阿什肯纳吉演奏版

塔霍钢琴版

奏曲》，与他合作的是"罗伊的小提琴"室内乐团。这张唱片虽然用现代钢琴演奏，合作的乐团却带着浓浓的本真演奏特色，可谓现代与复古的完美结合。

　　虽然《d 小调羽管键琴协奏曲》的原作手稿已彻底丢失，但仍有不少致力于还原巴赫原作的艺术家在努力地探寻，Virgin 唱片公司就曾推出过巴赫的《d 小调羽管键琴协奏曲》的原作版《d 小调小提琴协奏曲》的录音，由伊丽莎白·沃尔菲丝演奏小提琴并指挥启蒙时代乐团演出。这个"原作版"录制于 1994 年，除《d 小调小提琴协奏曲》之外，还再现了《f 小调羽管键琴协奏曲》的原作《f 小调小提琴协奏曲》、《D 大调三架羽管键琴协奏曲》的原版《D 大调三小提琴协奏曲》等，是本真演奏的"最大发现"。后来 Virgin 又发行了廉价小双张，除了这些"再现"的协奏曲之外，还收录了伊丽莎白·沃尔菲丝和启蒙时代乐团演绎的《a 小调小提琴协奏曲》《E 大调小提琴协奏曲》等经典曲目。这套唱片物美价廉，史料性和欣赏性兼顾。

Virgin小提琴版

　　在 Virgin 唱片公司的"原作版"问世二十年后的 2014 年，DG 唱片公司以 Archiv 品牌推出了小提琴演奏名家朱利亚诺·卡米尼奥拉和科隆古乐合奏团合作录制的《d 小调羽管键琴协奏曲》的小提琴"原作版",这个新的"原作版"
来自朱利亚诺·卡米尼奥拉的好友马可·塞里诺的整理改编,
同样非常精彩。朱利亚诺·卡米尼奥拉的演奏整体速度偏快,
是"生龙活虎"版的巴赫,如"江水奔腾",酣畅淋漓。

　　同样是在 2014 年,因在逍遥音乐节上的精彩表演而备
受关注的阿琳娜·伊布拉吉莫娃在 Hyperion 唱片公司也录
制了《d 小调羽管键琴协奏曲》的"原作版",与她合作的
是英国年轻的音乐家乔纳森·科恩和他的阿坎杰洛古乐团。
跟朱利亚诺·卡米尼奥拉的演奏相比,阿琳娜·伊布拉吉莫
娃就显出了女性演奏家的"柔情",阿坎杰洛古乐团也带着
英国本真乐团特有的优雅。相比而言,我更喜欢朱利亚诺·卡
米尼奥拉和科隆古乐合奏团的演绎。

　　《d 小调羽管键琴协奏曲》除了小提琴主奏的"原作版",
还有一个小提琴的"兄弟"——中提琴主奏的"原作版",

卡米尼奥拉小提琴版

阿琳娜·伊布拉吉莫娃版

来自德国的中提琴演奏家尼尔斯·蒙克梅耶于 2010 年在
Sony 唱片录制了用中提琴演奏的这一曲目，与他合作的是
波茨坦室内乐团。专辑中还包括其他巴洛克时期的著名音乐
家的经典佳作，这张唱片曾获得过当年的德国回声唱片奖。

中提琴版 曼陀林版

最后再提一个别样的曼陀林改编版，2012 年，DG 唱片公
司发行了一张年轻的曼陀林演奏家阿维·阿维塔尔演奏的巴赫
作品专辑，开始的第一个曲目就是阿维塔尔用曼陀林主奏的《d
小调羽管键琴协奏曲》，专辑一共收录了四首巴赫的协奏曲的
曼陀林版，都是演奏家阿维塔尔自己完成的改编再创作。曼陀
林其实是一件非常古老的民间乐器，因此
用曼陀林演奏巴赫并没有任何"违和"感。
在熟悉的旋律下，阿维塔尔与波茨坦室内
乐团给我们带来了清新流畅的演绎，非常
值得一听。

第一乐章

KUKE

迷人又欢乐的"咖啡广告歌"

《咖啡康塔塔》

1694 年，咖啡开始在"展会之城"莱比锡公开零售。莱比锡的第一家咖啡馆名叫"咖啡树"，坐落在"屠户小巷"。尽管街道的名字听上去很吓人，但喝咖啡还是成为当时的时尚潮流。

尽管"咖啡树"是莱比锡的首家咖啡馆，但对古典乐迷、特别是莱比锡之外的古典乐迷来说，"齐默尔曼咖啡馆"更加知名，不仅是因为当年巴赫和他的莱比锡音乐学社的音乐家们定期在那里举办音乐会，更因为巴赫还特别为这家咖啡馆写了一首动听可爱的"康塔塔"——《愿闲话停歇》，这部作品的"别称"就叫《咖啡康塔塔》。

说到"康塔塔"，很多朋友可能会认为这是一种宗教音乐，其实，"康塔塔"是音译，简单来说就是歌唱的意思。很难给"康塔塔"一个精准的中文翻译，因为它既不是大合唱，也不是清唱剧，更不是歌剧，只能音译为"康塔塔"。"康塔塔"指的是为了某件事情或有了某种心情而歌唱，作为艺术形式的"康塔塔"和清唱剧最大的区别在于规模比较小，戏剧性跟清唱剧相比稍弱一些。清唱剧可以在歌剧舞台上演出，或者处理成类似于歌剧的形式，"康塔塔"在一开始只是私人场合的小规模演出。"康塔塔"在 17 世纪之初起源于意大利，在 17 世纪中期传入德国，逐渐发展成了包括独唱、重唱和合唱的声乐套曲。虽然"康塔塔"包括合唱部分，但只限于私人场合的非正式演出，所以最初是一种世俗音乐，后来才逐渐进入教堂等"神圣"之地正式演出。巴赫虽然因为工作的关系，写了不少宗教题材的"康塔塔"，但他同时也写了不少世俗"康塔塔"，《咖啡康塔塔》是最动听、最流行的一部。

《咖啡康塔塔》的歌词作者是克里斯蒂安·弗里德里希·亨里奇，他以诗人自居，但本职工作是当地邮局的雇员。1732 年，他以艺名"皮堪德"创作了《咖啡康塔塔》的歌词，也就是《愿闲话停歇》。描写的是一位酷爱喝咖啡的名叫丽丝根的少女，她每日必须要喝上三次咖啡才算"过瘾"。当时，咖啡对"工薪阶层"来说算得上是昂贵的消费，喝咖啡则是大多数老人眼中的不良嗜好。丽丝根的父亲就非常想让女儿戒掉咖啡，为此颇费苦心，可是所有的"惩罚手段"均告无效。父亲最后想出了一条"妙计"：如果女儿不戒掉咖啡，那么他就不允许女儿出嫁。女儿连忙"妥协"，可是她在心中早已想好了对策：将来迎娶她的男人必须明确在婚约上写明"婚后让她喝咖啡"。

这就是《咖啡康塔塔》的故事，皮堪德的唱词在艺术水准方面说不上出众，更不具备浪漫诗意，只能算是诙谐可爱。可是，这部幽默的"小型剧本"却非常抢手，许多音乐家都为《咖啡康塔塔》谱了曲，但只有巴赫创作于 1734 年的《咖啡康塔塔》经住了时间的考验，至今仍是备受乐迷喜爱的佳作，皮堪德的名字也因巴赫而"不朽"。

巴赫谱曲的《咖啡康塔塔》只需要三位歌唱演员，女高音扮演女儿，男中音或男低音扮演父亲，还有一位并不扮演角色的男高音，他担任旁白一职。乐队的编制包括长笛、弦乐和羽管键琴。除了最后一段三重唱，其他均是独唱。巴赫还特别引用了当时流行的市井小调，让《咖啡康塔塔》的音乐更加亲切动听。《咖啡康塔塔》可能是历史最久远的"广告歌"，不仅在当年是齐默尔曼咖啡馆的最佳推广曲，现在也可以为所有的咖啡馆、咖啡经销商们服务，让咖啡显得品位非凡。

看一段《咖啡康塔塔》的女主角丽丝根的咏叹调的歌词：

啊！多么甜美的咖啡啊！
比一千个情人的吻还要甜蜜，
比葡萄美酒更醉人。

咖啡，啊，咖啡，我一定要喝！

如果有人要款待我，

就请满上我的咖啡杯！

这难道不是最高雅同时又最亲切的"咖啡广告歌"？

再看一段丽丝根的宣叙调的歌词：

"父亲大人，请别对我如此严厉，

如果我不能每天满上我小小的咖啡杯，

美美地喝上三次。

那我会像炙烤的羔羊般，

失去活力。"

《咖啡康塔塔》结束的大合唱的歌词是这样的：

猫从不放弃捉老鼠，

女孩不会放弃喝咖啡。

母亲们喝咖啡，

奶奶们喝咖啡，

那为什么要责备女儿们喝咖啡？

虽然现在大多数的猫都是家中宠物，肯定不会再去捉老鼠，但我们可以从《咖啡康塔塔》的歌词中感受到彼时的城市风情。巴赫从未写过歌剧，但《咖啡康塔塔》宛若一部小型的民俗声乐剧，不仅旋律优美，亦有"曲折"的剧情，让我们相信，如果巴赫当初愿意写歌剧的话，那么他也一定是一位出色的歌剧作曲家。不过，在巴赫心中，当时流行的歌剧都非常"俗不可耐"，可是他偏偏写出了通俗的《咖啡康塔塔》，这可真是巴赫难得的"轻松一瞬"，也许是当年齐默尔曼咖啡馆的音乐氛围和听众的热情感染了巴赫吧。

因为《咖啡康塔塔》太过传神，也因为咖啡的确有醒神的功效，再加上巴赫当年的工作十分繁忙，所以有一种观点认为：巴赫跟《咖啡康塔塔》里的女主角一样也是个咖啡爱好者，至少在创作时会喝上一杯咖啡提提神。他的太太肯定也一样爱喝咖啡，因为后期巴赫众多作品的乐谱都是太太整理的，这工作也很累人，肯定也需要喝咖啡。不过，没有任何证据可以证明写了《咖啡康塔塔》的巴赫是个爱喝咖啡的人，反倒是有确凿的文字证明巴赫是一个非常爱喝啤酒的人。他签过的不少合约上面都明确注明：除规定的现金报酬之外，每天要提供给巴赫至少一桶鲜啤酒。没准当年巴赫也写过"啤酒康塔塔"，只是我们还未发现。因为至少有数百首巴赫创作的声乐作品都已遗失，其中包括许多世俗题材的"康塔塔"。

《咖啡康塔塔》这部当年只能在齐默尔曼咖啡馆里演出的"广告歌"，是为数不多的保留下来的巴赫创作的世俗"康塔塔"。目前已发现的巴赫创作的世俗"康塔塔"仅有二十二部，最早的一部是创作于1713年的《什么能使我感到愉悦》，最后一部是完成于1742年的《我们的新长官》，也就是《农夫康塔塔》。除了"康塔塔"，巴赫在莱比锡还写过不少歌曲，只是大部分也处于尚待进一步挖掘的状态。

用文字描述巴赫的器乐作品就已经非常困难，要想领会巴赫声乐作品的迷人魅力，文字更显得无力。虽然我们展示了一些《咖啡康塔塔》的歌词，但音乐的美妙只能通过录音才能了解。《咖啡康塔塔》我只推荐本真演奏的版本，我最早收藏的一张来自匈牙利 Hungaroton 唱片公司，录制于1983年，这张 CD 在德国的汉诺威制作，除《咖啡康塔塔》之外，还收录了巴赫的最后一首世俗"康塔塔"——《农夫康塔塔》。由萨伐利亚学院乐团演奏，帕尔·内梅斯指挥。女

匈牙利版

高音克里斯蒂娜·拉吉唱女儿，男低音伊斯特万·加蒂唱父亲。我将这张唱片视作是"大惊喜"，因为绝对没想到匈牙利也有如此出色的古乐团，两位歌唱家的表现也非常优异。

霍格伍德版　　　　　　　莱昂哈特版

　　还有一张从问世之初就备受好评的唱片：克里斯托弗·霍格伍德指挥英国古代音乐学院乐团并演奏羽管键琴，女高音艾玛·金伯莉唱女儿，男中音大卫·托马斯唱父亲，于 1986 年在 Decca 旗下的古乐品牌"琴鸟"录制，唱片封面就是两位歌唱家扮成剧中人的形象。艾玛·金伯莉的声音实在是太适合演唱《咖啡康塔塔》了，唱片的搭配曲目一样是《农夫康塔塔》。

　　1995 年，另一位本真演奏大师古斯塔夫·莱昂哈特指挥启蒙时代乐团在 Philips 唱片公司也录制了《咖啡康塔塔》，这个版由女高音芭芭拉·邦妮唱女儿，男低音大卫·威尔森·约翰逊唱父亲，同样精彩动听。这张唱片的封面就是当时的咖啡馆里的热闹场景，真是让人"一看就喜欢"。

合唱部分

听不完的"哥德堡"(一)

《哥德堡变奏曲》

　　如果问巴赫众多的经典佳作中哪一部的知名度最高，估计大多数的乐迷会回答：《哥德堡变奏曲》。即使你从来不听古典音乐，也可能听说过《哥德堡变奏曲》。这部作品之所以成为巴赫写下的"最流行"的作品，格伦·古尔德功不可没。1955 年，他签约 CBS 唱片公司之后录制的首张唱片就选择了当时还属"冷门"的《哥德堡变奏曲》，唱片大获成功。在此之后，众多的影视作品纷纷在配乐中选用了格伦·古尔德的《哥德堡变奏曲》，最有影响的当然是《沉默的羔羊》。在这部曾获得奥斯卡最佳影片、最佳编剧、最佳导演、最佳男女主角等五项最重要的大奖的经典名片中，《哥德堡变奏曲》是剧情的发展关键。当然，电影中让"汉尼拔"是高品位的古典音乐爱好者是尊重小说原著的安排，在《沉默的羔羊》的小说中，有着这样的描写：

　　莱克特医生把用链条拴在桌子腿上的录音机里的磁带反过来换了一面，按下放音键，格伦·古尔德在用钢琴演奏巴赫的《哥德堡变奏曲》。

　　从小说的描写中资深乐迷肯定会有这样的反应："汉尼拔"听的不是格伦·古尔德在 1955 年录制的那个版本，而是 1981 年的重录版，那也是他生前录制的最后一张唱片。但无论如何，格伦·古尔德演奏的《哥德堡变奏曲》跟"汉尼拔"从此密不可分。《沉默的羔羊》电影中再现了原著小说描述的情节，但因为版权问题，片中并没有使用格伦·古尔德演奏的《哥德堡变奏曲》，而是用了一位"无名演奏家"演奏的《哥德堡变奏曲》。十年后，《沉默的羔羊》的续集《汉尼拔》开拍，《哥德堡变奏曲》成为开场曲，这一次，制片方终于购得了格伦·古尔德的《哥德堡变奏曲》的录音版权，所以在 Decca 唱片公司发行的《汉尼拔》原声音乐专辑中收进了原来属于 CBS、现在归 Sony 公司所有的格伦·古尔德的《哥德堡变奏曲》的录音选段。

　　近几年，随着《汉尼拔》系列剧集的热映，更加重了人们《哥德堡变奏曲》是《汉尼拔》专属配乐的印象，对《哥德堡变奏曲》感兴趣的朋友越来越多，Sony 唱片公司更是推出了一个格伦·古尔德《哥德堡变奏曲》的大套装，巴赫创作于 18 世纪的音乐经典与 20 世纪的当代流行文化经典就这样一起携手迈进了 21 世纪，相信《哥德堡变奏曲》依然会是大家最感兴趣的巴赫的作品。

《哥德堡变奏曲》也确实留下了许多难解之谜：巴赫为什么要写这部作品，它真正的创作动机是什么？"哥德堡"到底对这部作品有过什么关键贡献？

关于《哥德堡变奏曲》的创作原因，最早的描述来自史上第一本巴赫传记的作者约翰·尼古拉·福克尔，他出生于 1749 年，是最早的巴赫"粉丝群"的"群主"。非常遗憾的是，他从没来得及和偶像见上一面，因为巴赫在 1750 年就去世了。好在长大后的福克尔和巴赫的长子威廉·弗里德曼·巴赫、次子卡尔·菲利普·埃玛纽埃尔·巴赫成了好友，从而得到了很多背景资料。据福克尔的描述，《哥德堡变奏曲》是一部"命题作文"，巴赫接受了德累斯顿伯爵赫尔曼·卡尔·凯泽林克的约稿，创作了《哥德堡变奏曲》。因为这位伯爵闹失眠，他雇佣的乐师中有一位正是巴赫的学生——约翰·格力特布·哥德堡，这位哥德堡负责在伯爵睡不着的时候弹奏羽管键琴，以便让伯爵能在乐声中放松心情，尽量可以快些入睡。由于手边合适的曲目都已用完，哥德堡只好向老师"求救"，巴赫为此专门写了一部变奏曲来"治疗"伯爵的失眠症。因为演奏这部变奏曲的是巴赫的学生哥德堡，这部作品日后就被约定俗成称为《哥德堡变奏曲》。

这个故事非常逼真，时间、地点、人物、动机等无一不具备一定的可信度，但是——但是啊——这种说法只是传说。

福克尔太崇拜巴赫了，因此他为巴赫写的传记虽有一定的价值，但里面有太多的"想当然"，太多的夸张。《哥德堡变奏曲》的创作背景就是完全无据可考的传奇故事。相信你只要完整听过一遍《哥德堡变奏曲》就可以得出这样的结论：如此精彩的音乐怎么可能只是一首"催眠曲"！要是用它来治疗失眠，只能是越来越严重，因为《哥德堡变奏曲》会让人越听越兴奋。当然，拙劣的演奏可能会有催眠作用，但如果当初伯爵府上的乐师——就权当是哥德堡吧——把《哥德堡变奏曲》弹到能让伯爵在聆听过程中进入梦乡，那么估计他早就"下岗"了。

巴赫在创作《哥德堡变奏曲》的时候，现实中的哥德堡才十四岁。不错，他确实是巴赫的学生，但十四岁的哥德堡无论如何都是无法驾驭这部《哥德堡变奏曲》的。尽管后来哥德堡成为不错的管风琴演奏名家，也写过自己的原创作品，但在《哥德堡变奏曲》问世的 1741 年，他肯定不会是《哥德堡变奏曲》的演奏者。同时，如果《哥德堡变奏曲》真的是来自凯泽林克伯爵的约稿，那怎么可能见不到巴赫的"敬献辞"

呢？以巴赫的个性，他肯定会随着乐谱附上一封态度诚恳又谦卑的亲笔信。可是我们现在能见到《勃兰登堡协奏曲》的"敬献辞"，却一直见不到巴赫亲手写给凯泽林克伯爵的"敬献辞"。也有人觉得大概凯泽林克伯爵和巴赫是朋友，巴赫不会像对待勃兰登堡侯爵那样卑微。可是，《哥德堡变奏曲》在出版的时候，巴赫亲自写下"此曲为愉悦那些热爱音乐的心灵而作"，如果真是为凯泽林克伯爵而作，巴赫绝不会这么写。

那么问题来了：《哥德堡变奏曲》到底是为谁写的？

《哥德堡变奏曲》的原标题为《双键盘羽管键琴的多部变奏曲与咏叹调》，也可以翻译为"以一首咏叹调和各种变奏组成的双键盘羽管键琴练习曲"，虽然不如《哥德堡变奏曲》好记，但也可以看出，巴赫并不是为哥德堡写的，所用咏叹调的主题也不是来自哥德堡。

《哥德堡变奏曲》的创作动机众说纷纭，我个人非常愿意相信这种说法：巴赫创作《哥德堡变奏曲》的目的还是为了儿子威廉·弗里德曼。您可能会说巴赫开始写《平均律键盘曲集》的时候，威廉·弗里德曼才十岁，为孩子写一套练习曲是理所应当。可是《哥德堡变奏曲》发表于 1741 年，这时候威廉·弗里德曼已经三十出头了，巴赫还要用音乐向儿子传递什么呢？

《哥德堡变奏曲》的咏叹调主题出自《安娜·玛德琳娜的音乐簿》，安娜·玛德琳娜是巴赫的第二任妻子，为了巴

赫和孩子们，她放弃了自己的职业歌手生涯，专心陪巴赫来
到莱比锡，做巴赫背后的女人。当初安娜在下嫁巴赫之前，
自己不仅有歌唱事业，而且收入跟巴赫也差不多。到了莱比
锡之后，安娜就再无任何收入了，可巴赫的家族却越来越人
丁兴旺，做好巴赫的贤内助真是非常不容易。安娜不仅要帮
助巴赫照顾孩子，还要为巴赫整理乐谱，《安娜·玛德琳娜
的音乐簿》就是安娜的劳动成果，里面收录的是安娜整理的
一些适合于孩子练习的音乐。安娜开始编纂这套"音乐簿"
的时间是 1725 年，或许安娜也教过孩子们视唱这段《哥德
堡变奏曲》的主题。看着自己一天比一天衰老，已到暮年，
巴赫用妻子整理的曲子做主题，为前妻所生的大儿子写一部
变奏曲，希望长大成人的大儿子能在自己身后善意对待继母，
也希望太太能和大儿子同心同德。《哥德堡变奏曲》一共有
三十段变奏，当年威廉·弗里德曼正好三十岁，这算得上是
这部《哥德堡变奏曲》是写给大儿子的"铁证"。

　　当年，巴赫就是在十岁的时候失去双亲，或许是天意，
他的大儿子威廉·弗里德曼失去母亲的时候也不过才九岁多
一点儿，我们可以想象当时小威廉的痛苦与失落。安娜嫁给
巴赫的时候非常年轻，十一岁的威廉肯定从心底是无法接受
母亲的位置被别人替代的。可是巴赫确实需要有人安慰，安
娜又确实是位好妻子。也是在 1725 年，巴赫为妻子写了一

首情歌，歌词大致是这样的：

> 如果你和我在一起
>
> 我会拥有无尽的快乐
>
> 就像靠近天国的和睦与宁静
>
> 我无所畏惧
>
> 因为我听见了你那美妙的歌声
>
> 你会用温柔的双手为我合上双眼

我们不知道当年安娜是否唱过这段"情歌"，但从中不仅可以看到巴赫对安娜无尽的爱意，更可以看出，巴赫知道自己比安娜大很多，预料到自己肯定会先于她离世，内心不可能没有担心。当年正是因为巴赫想让大儿子到莱比锡接受更好的教育，安娜才放弃了自己的歌手生涯，牺牲不可谓不大。在《哥德堡变奏曲》里，让大儿子与安娜共同存在于自己的音乐中，也是巴赫作为父亲和丈夫的良苦用心。

但是在巴赫故去之后，他几个成年的儿子瓜分了所有作品的手稿。安娜的生活条件愈发困难，她以未亡人的身份向莱比锡市议会索要尚未支付巴赫的六个月的工资。但市议会却以当年巴赫在签约时已提前领取了一个季度的工资为理由，只支付给安娜极少的部分。从 1723 年开始，巴赫为莱比锡效力了二十七年，可是莱比锡却对巴赫"冷酷到底"。如今，仅仅一部《哥德堡变奏曲》的版税收入都可以让巴赫成为百万富翁，但是当年，他的遗孀安娜只能在凄苦的日子中等待死亡……

那《双键盘羽管键琴的多部变奏曲与咏叹调》怎么又成了《哥德堡变奏曲》呢？因为哥德堡不仅跟巴赫学习，威廉·弗里德曼也是他的老师，他肯定跟随老师学习过演奏这部作品。再加上福克尔的传记推波助澜，哥德堡反倒成了最大赢家。哥德堡是一位比莫扎特还要命短的音乐人，他的全名叫约翰·哥德堡，出生于1727年，1756年去世，只活了二十九岁。虽然他的生命不长，但却因《哥德堡变奏曲》而不朽。不过，他自己并不知道有《哥德堡变奏曲》，因为《哥德堡变奏曲》这个标题是在1802年才出现的，巴赫和哥德堡都不知道这部作品日后会被叫作《哥德堡变奏曲》。如今，《哥德堡变奏曲》被视作音乐版的《蒙娜丽莎》，结构完美，又充满神秘感。

早在《沉默的羔羊》选用《哥德堡变奏曲》作为配乐之前，有一部曾在我国放映过的情景喜剧《火星叔叔马丁》，里面有这样一段情节：主人公蒂姆对办公室新来的女同事一见钟情，因为火星叔叔马丁可以看穿别人的心思，所以，蒂姆请马丁叔叔帮忙。经马丁叔叔"侦查"，这位女同事是一位热爱古典音乐的高品位的人。蒂姆只好恶补古典音乐，不过在跟美人约会的时候，无意间说漏了嘴："我也非常喜欢哥德堡写的《哥德堡变奏曲》。"女同事纠正他："《哥德堡变奏曲》是巴赫写的，哥德堡是他的学生。"——《火星叔叔马丁》第一季的放映时间是 1963 年，格伦·古尔德的《哥德堡变奏曲》已是畅销多年的古典专辑。尽管《火星叔叔马丁》并没有选用《哥德堡变奏曲》的音乐，却让这个作品成为一个关键的"梗"。可以说，因为古尔德的唱片，《哥德堡变奏曲》由古典音乐变成了一种时尚文化。

1955 年，格伦·古尔德与 CBS 签约之后，准备用《哥德堡变奏曲》作为自己首张专辑的曲目，唱片公司曾经想劝他改个曲子，可见在这张唱片出版之前，《哥德堡变奏曲》还属"冷门"。在 1954 年 10 月这张唱片录制前，古尔德在加拿大广播公司已完整录制过《哥德堡变奏曲》，但并未正式发行唱片，而是加拿大广

古尔德1955年版

播公司的广播节目资料。古尔德从十二岁开始，就在加拿大广播公司录制节目。在加拿大广播公司录制完《哥德堡变奏曲》三个月后，古尔德首次在美国登台，立刻获得 CBS 的唱片合约。1955

年 6 月，他在 CBS 录制了《哥德堡变奏曲》。这张唱片虽
是单声道录音，却历久弥新，成为 CBS 公司的"镇店之宝"。
首版的黑胶封面采用了多张古尔德的照片，仿佛是《哥德
堡变奏曲》的多种变奏。这张唱片的播放时间只有三十八分
钟多一点，有评论说因为古尔德的演奏速度快，使得别人需
要七十多分钟才能弹完的《哥德堡变奏曲》在他手中只需
三十八分钟，这种说法非常"害人"。确实，古尔德的演奏
速度不慢，但造成这版《哥德堡变奏曲》的演奏时间只有
三十八分钟的原因是他没有演奏任何一段反复，如果巴赫或
任何一位巴洛克时期的音乐家"再世"，古尔德肯定会被看
作"大逆不道"，因为巴洛克音乐的演奏法则是：必须不能
省略任何反复。所以，当时有人把古尔德的演奏视作异端是
完全有道理的。可音乐虽说是由专业人士创作，可归根到底
还是得交给"外行"去聆听、品评。或许是觉得古尔德标新
立异，或许是人云亦云，总之，1955 年的《哥德堡变奏曲》
被乐迷纷纷追捧，成为唱片史上的传奇。

更"诡异"的是，古尔德曾公开宣称他不会活过五十岁。
1981 年，他决定再度录制《哥德堡变奏曲》。"新"版的播
放时间是五十多分钟，跟 1955 年的版本相比，自是慢了许多，
但实际上古尔德依然保持着自己的个性。这次录音，古尔德
把整部《哥德堡变奏曲》视作一部大曲子，三十段变奏并非

独立的变奏，而是一个整体。这张唱片是他在 CBS 公司录制的最后一个专辑，因为 1982 年他就去世了，年龄正好是五十岁。他的第一张唱片和最后一张唱片都是《哥德堡变奏曲》，真乃天意。古尔德的墓碑上刻着的不是文字墓志铭，而是《哥德堡变奏曲》的咏叹调主题。他仿佛因《哥德堡变奏曲》而出世，《哥德堡变奏曲》也因他而"流行"，没有任何一位演奏家可以和一部经典作品有如此密切的缘分。

在格伦·古尔德去世之后，收购 CBS 的 Sony 唱片公司开始陆续推出中价版的格伦·古尔德系列唱片，1993 年首次发行了格伦·古尔德在 1959 年 8 月 25 日萨尔兹堡音乐节现场演奏的《哥德堡变奏曲》，这个版本依旧是单声道录音，但作为珍贵的古尔德的现场演绎，对乐迷来说，自是有相当大的吸引力。二十七岁的古尔德依旧弹得飞快，而且依旧随着自己的演奏小声哼哼。首版 CD 还收入了更加珍贵的"传

古尔德1981年版　　　　　　古尔德现场版

说中的现场"——1957 年 5 月 7 日在莫斯科现场演奏的巴赫的《三声部创意曲》。一年后，Sony 又发行了萨尔兹堡音乐节现场演出的完整版，原来《哥德堡变奏曲》只是那场独奏会的下半场，古尔德在上半场还弹了莫扎特等音乐家的作品。这两版 CD 虽然都有同一现场的《哥德堡变奏曲》，但对乐迷来说，还是都得买下才安心。

因为格伦·古尔德 1955 年的唱片实在太过经典，但单声道录音却是经典背后的小小遗憾，于是，2006 年 Sony 唱片公司发行了 1955 年录音的立体声"重建版"。这个号称"复活 1955 年的格伦·古尔德"的版本采用了 Zenph 工作室研发的技术，利用电脑分析 1955 年古尔德的经典录音，得出各种数据，然后把数据输入一架具有自动演奏功能的钢琴，特别选择了格伦·古尔德七十四岁冥寿的那天，在加拿大的格伦·古尔德录音室，录下了环绕立体声版的《哥德堡变奏曲》。这

古尔德萨尔兹堡现场版

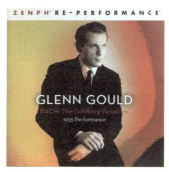

古尔德复活版

种神奇的"重建"技术固然可以"复活"古尔德的经典演绎，但毕竟是电脑数据，把1955年的录音输入电脑，难道电脑就会自动再现出一个鲜活的格伦·古尔德吗？不过我必须承认，第一时间听说这个版本上市，我立刻下单购买了唱片。听过之后，确实有一种非常怪异的聆听感受。我不得不说，虽然古尔德的魅力确实不可抵挡，但这不是真实的古尔德。

2007年，加拿大广播公司以自己的唱片品牌发行了格伦·古尔德在1954年6月21日录制的《哥德堡变奏曲》，这是古尔德第一次录制《哥德堡变奏曲》。六张CD的套装除了这版珍贵的《哥德堡变奏曲》之外，还收了许多加拿大广播公司录制的古尔德演奏的其他经典佳作。尽管都是单声道录音，且《哥德堡变奏曲》的录音效果不算太好，但作为古尔德的第一个"哥德堡"，还是有珍贵的史料价值。至少跟一年前的"重建版"相比，这个音效一般的古尔德是真实的。

古尔德1954年历史录音

听不完的"哥德堡"(二)

《哥德堡变奏曲》

　　虽然格伦·古尔德的名字跟《哥德堡变奏曲》密不可分，但他并不是第一位录制《哥德堡变奏曲》的钢琴演奏家，他的唱片虽然经典，但绝对不是《哥德堡变奏曲》的唯一选择。下面我们来聊聊除古尔德之外的其他艺术家演绎的《哥德堡变奏曲》。

　　早在1928年，钢琴家鲁道夫·塞尔金就曾留下过《哥德堡变奏曲》的纸卷钢琴录音，那年塞尔金才二十五岁。他跟《哥德堡变奏曲》还有一则逸闻：1920年，十七岁的塞尔金和著名小提琴演奏家阿道夫·布什同台演出，大受欢迎。在喝彩声中，布什跟塞尔金开了个玩笑："快，你去返场。观众等着听你弹《哥德堡变奏曲》。"结果，厚道的塞尔金真的返场演奏了《哥德堡变奏曲》。

阿劳版

那晚演奏会的观众是否能有耐心听完《哥德堡变奏曲》现在已不得而知，虽然这仅仅是个传闻，但可以证明在那个时候《哥德堡变奏曲》还属于冷门曲目，塞尔金后来也没能完整录制过《哥德堡变奏曲》。

第一位录制钢琴版《哥德堡变奏曲》的是著名的钢琴家阿劳，他跟塞尔金同岁。同样是在 1920 年，十七岁的阿劳在伦敦首次登台公开表演，演出的正是《哥德堡变奏曲》。1935 年，阿劳在柏林用十二场演奏会弹遍了巴赫的键盘独奏曲目，创下演出史上的纪录。1941 年，阿劳在卡耐基音乐大厅登台，再度演出《哥德堡变奏曲》，RCA 唱片公司于 1942 年为他录制了《哥德堡变奏曲》，可是这个录音一直没有发行。后来阿劳得知同样签约 RCA 唱片公司的羽管键琴演奏家兰多芙斯卡因二战逃难到美国，经济情况十分窘迫，而兰多芙斯卡就是以演奏巴赫著称，而且在 1933 年还录制了羽管键琴版的《哥德堡变奏曲》。因此，为了让兰多芙斯卡的唱片能继续有销量，同时也照顾兰多芙斯卡在美国的演奏事业，阿劳放弃了发行自己演奏的《哥德堡变奏曲》，甚至一度在演奏会上不再演出巴赫的作品。阿劳此举真乃大丈夫！

　　阿劳 1942 年的《哥德堡变奏曲》一直到他逝去多年之后的 2001 年才由 RCA 唱片公司以 CD 形式发行，在了解了阿劳当年的义举之后，再听这张 CD，很难做出相对冷静的"听后感"。由于录制时还是单声道，再加上老式 78 转唱片的容量原因，阿劳的《哥德堡变奏曲》是分段落、分时间录制完成的，所以听上去难免有些情绪上的不连贯。除此之外，阿劳的演绎无可挑剔，人品上更无可指摘。

　　老一辈的钢琴大师威廉·肯普夫在晚年录制了一系列的巴赫作品，1969 年 7 月，他在汉诺威的贝多芬音乐厅录制了《哥德堡变奏曲》，那一年肯普夫七十四岁。肯普夫的演绎从速度上说，跟现在的录音相比属于比较快的——六十三分钟，跟古尔德的第一次录音相比又是比较慢的，原因在于肯普夫选择性地演奏反复。大部分《哥德堡变奏曲》的变奏段都分两段，肯普夫大部分只对第一段变奏做反复重奏。而且，他几乎去掉了所有的装饰音，使得这版《哥德堡变奏曲》听起来不够兴奋，但自有一洗铅华的自然美。这是大师晚年的心境写照，他指下的巴赫是那样的淡然、

肯普夫版

马丁·斯塔德菲尔德版

安宁。DG 唱片公司曾把这个录音收在中价版的"画廊"系列中，至今仍在 DG 的唱片目录上。

2002 年，二十二岁的德国钢琴家马丁·斯塔德菲尔德在第十三届莱比锡国际巴赫大赛上获得了一等奖。

巴赫大赛的获奖者当然要录制巴赫作品的唱片，他选择的就是《哥德堡变奏曲》。这张唱片于 2003 年推出，成为当时古典音乐界的热门话题。首先，斯塔德菲尔德签约的 Sony 唱片公司的前身正是格伦·古尔德签约的 CBS，其次，2003 年斯塔德菲尔德二十三岁，古尔德第一次出版《哥德堡变奏曲》的时候也是二十三岁。所以，很多人都自然地把斯塔德菲尔德跟当年的古尔德做比较，但演绎《哥德堡变奏曲》真的是不能比较的。斯塔德菲尔德尽管很年轻，唱片封面上的形象也很酷，但他毕竟是德国钢琴家，他自然而然地在演绎中"捍卫"——或者说"恪守"德奥体系的传统，所以，斯塔德菲尔德的《哥德堡变奏曲》并不像古尔德当年那样"酷"。不过，处女碟就录"哥德堡"，这本身就已经很"酷"了。当然，对现在的钢琴家来说，《哥德堡变奏曲》可能已是一道必答题。

　　2015 年，法国的钢琴家亚历山大·塔霍交出了他的答卷——在 Erato 唱片公司录制了《哥德堡变奏曲》。这版《哥德堡变奏曲》还附赠了一张DVD，是塔霍演奏《哥德堡变奏曲》的纪录片。强烈推荐乐迷去看这个视频，拍得非常精彩。塔霍是当今为数不多的在现场独奏会上视谱演奏的钢琴家，当问他为什么这么做的时候，他非常坦诚地回答，因为身体的原因，他害怕会在演奏过程中忘记音符，所以就视谱演奏了。我喜欢他的诚实，当然，诚实不等于能演奏好《哥德堡变奏曲》，但塔霍的《哥德堡变奏曲》确实让我听出了诚恳。

　　同样在 2015 年，Sony 推出了钢琴演奏家伊戈尔·列维特的套装，共三张CD，收录了三部著名的变奏曲：巴赫的《哥德堡变奏曲》、贝多芬的《迪亚贝利变奏曲》和 20 世纪音乐家弗德里克·热夫斯基的《人民团结一起是无法战胜的》。这大概是唱片史上第一次一次性推出一位钢琴家演奏的"三

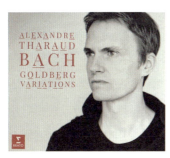
塔霍版

伊戈尔·列维特套装版

大变奏曲"。伊戈尔·列维特的《哥德堡变奏曲》弹得很规范，该有的都有，该弹的都弹。这在 21 世纪已属难能可贵的"老老实实"。

在众多精彩的《哥德堡变奏曲》录音中，女性钢琴家的比例相当高，其中塔蒂亚娜·尼古拉耶娃的录音是不能错过的。她是 1950 年首届国际巴赫大赛的一等奖得主，现场演奏巴赫的"平均律"带给了大师级作曲家肖斯塔科维奇很大的启发，大师为尼古拉耶娃写了《二十四首前奏曲与赋格》，在 20 世纪向 18 世纪的巴赫致敬。塔蒂亚娜·尼古拉耶娃也曾多次录制《哥德堡变奏曲》，我收藏的是晚年的她在伦敦现场的实况录音，时间是 1986 年 11 月 10 日，英国的 BBC 广播公司曾以自己的唱片品牌 BBC Music 发行过 CD，是"BBC 传奇"系列 CD 中颇有收藏价值的一张。

欣赏《哥德堡变奏曲》，还绝对不可错过公认的巴赫作品演奏权威——罗莎琳·图蕾克的经典录音。图蕾克不仅是一位演奏家，更是教育家，建立了巴赫研究学院，培养了不少巴赫演奏专家。她最后一次在 DG 录制《哥德堡变奏曲》的时候已八十四岁高龄。相对于录音室的制作，我收藏的是 Vai 公司 1988 年的一个私人现场录音，曾获得过《企鹅唱片指南》的最高评价，唱片封面采用的是英国皇家阿尔伯特大厅中的图蕾克的头像。

尼古拉耶娃BBC现场版　　　　　　图蕾克版

　　1985 年，安杰拉·休伊特在多伦多巴赫钢琴比赛上获奖，随后她定居伦敦。她在 Hyperion 唱片公司录制了一系列巴赫作品专辑，深受好评。1999 年 9 月，她第一次录制了《哥德堡变奏曲》。这张唱片可以明显听出图蕾克对她的影响，不仅是速度，连处理方式都和图蕾克如出一辙——图蕾克弹全了所有三十段变奏的反复，唯最后重现开始时的"咏叹调"不做反复——休伊特在唱片中也是这么处理的。另外，休伊特还是一位学者型的钢琴家，唱片内页的文字是她自己写的关于《哥德堡变奏曲》的研究心得，完全可以媲美正规的学术论文。当然，研究颇深如演奏不佳也不能获得好评，但我非常喜欢休伊特的这个版本。她在 Hyperion 公司新录制的《哥德堡变奏曲》速度更慢，用了两张 CD，新版我还没有来得及收藏。

安杰拉·休伊特版

蒂娜斯坦版

2007 年，Telarc 公司推出了古典音乐界的"灰姑娘"西蒙尼·蒂娜斯坦演奏的《哥德堡变奏曲》，蒂娜斯坦的这个录音实际上是她自费录制的。在三十岁之前，她的演奏事业毫无起色，她也从未在任何比赛中获奖，更没有任何经纪公司愿意给她一份合约。不过，她之所以自费录制《哥德堡变奏曲》，背后却有一段爱情故事。十五岁的蒂娜斯坦在伦敦邂逅了一位比自己大六岁的同道，因为两人都喜欢古尔德，因此发生了爱情，但家人反对她那么小就谈恋爱。等到蒂娜斯坦十八岁的时候，她毅然从茱莉亚音乐学院退学，奔赴伦敦寻找爱情。婚后，爱人陪她回到纽约，她也得以重返学院完成学业。因为她和先生因古尔德而结缘，所以她决定学习演奏《哥德堡变奏曲》，开始练习的时候才发现自己"喜怀孕"了。所以，《哥德堡变奏曲》还是爱情的结晶。为了给爱情留下更多的永恒纪念，她筹集了 15000 美元，自费录制了《哥德堡变奏曲》。随后，她把这张自费唱片寄往各大唱片公司，本以为不会有回应，没想到打动了一位知名的评论人。经过知名评论人的"牵线搭桥"，Tarlac 唱片公司发行了这张《哥德堡变奏曲》，此时，蒂娜斯坦已经三十五岁了。

听过这版《哥德堡变奏曲》背后的故事，可能大多数的朋友都无法用平常的心态来聆听这张唱片。不过，这故事到底是不是真的呢？反正我是不敢肯定，因为这些都是唱片公司愿意让我们知道的。但是，这版《哥德堡变奏曲》在最初确实是自费录制的。这也是现在众多演奏家们的无奈选择，音乐很美好，现实很"骨感"，不知道还有多少"灰姑娘"或"灰先生"在苦苦等待着机会。

跟蒂娜斯坦一样，华裔钢琴家朱晓玫女士的《哥德堡变奏曲》最初也是她自费录制的，时间是 1990 年，地点是法国的圣居里安教堂。这也是她定居法国后举行第一场个人独奏会的演出地点。2007年，这个十七年前的录音交由 Mirare 唱片公司发行。由于巴赫在德文里指的是"小溪"，所以，朱晓玫以"上

朱晓玫版

善若水"来理解巴赫的音乐,古老的中华文化与经典的巴赫是否可以自然融合于她的演奏之中呢?估计每一位听过这张唱片的人都会有不同的理解。

意大利年轻的女钢琴家贝阿特丽丝·拉娜将巴赫称作自己的"初恋",因为她九岁第一次登台表演的就是巴赫的作品。她出生于1993年,二十岁的时候获得了范·克莱本国际钢琴大赛的银奖,同时还是观众票选的最受欢迎钢琴家。她在2017年录制了《哥德堡变奏曲》,这是她签约华纳唱片公司之后出版的第二张专辑,也是第一张独奏专辑。跟安杰拉·休伊特一样,贝阿特丽丝·拉娜也是自己撰写了说明文字,虽然篇幅不像休伊特那么长,但也颇有自己的观点,对"初恋"果然很有研究心得。拉娜的技术真的非常好,演奏上也颇有特色,在"克制"地奏出如歌的咏叹调主题之后,蓬勃而出的青春气息扑面而来。

贝阿特丽丝·拉娜版

除了现代钢琴演奏版,用羽管键琴演奏《哥德堡变奏曲》显然更符合巴赫的原意。在众多羽管键琴演奏版中,古斯塔夫·莱昂哈特的录音是不可不听的。1953年,他出版了个人的首张唱片,

内容也是《哥德堡变奏曲》，
比古尔德还要早两年。他不
仅是巴赫作品的演奏权威，
还在一部 1968 年拍摄的德国
影片里扮演了巴赫，据说片
中还有他演奏《哥德堡变奏
曲》的画面。他先后三次录

平诺克版

制过《哥德堡变奏曲》，我收藏的是 DHM 唱片公司五十周
年纪念套装里的一张，录制于 1974 年。莱昂哈特的演奏时
间可能是羽管键琴版里最快的，用了四十七分钟多一点，是
非常流畅恬然的演绎。而特雷弗·平诺克的 Archiv 的版本
则是最超值的，录制于 1980 年，后来发行了"Trio 系列"，
将《哥德堡变奏曲》与平诺克演奏的其他巴赫的羽管键琴独
奏作品制成了三张 CD 套装，只卖一张 CD 的价格。作为本
真演奏的实力派人物，平诺克的巴赫当然值得一听，更何况
还非常便宜。

　　2003 年，法国的著名电影导演阿兰·科诺拍摄了《战
战兢兢》，这部影片的原声音乐专辑是法国的羽管键琴演奏
家皮尔·汉泰演奏的《哥德堡变奏曲》。一部影片的配乐竟
然是完整的《哥德堡变奏曲》，这不得不引起古典乐迷对演
奏者皮尔·汉泰的关注。《战战兢兢》的原声音乐专辑由法

皮尔·汉泰版

国 Naive 唱片公司发行，皮尔·汉泰曾是 Naive 的签约艺术家，他演奏的《哥德堡变奏曲》录制于 1992 年。

Naive 在 2009 年把《哥德堡变奏曲》和另外一张皮尔·汉泰主奏的巴赫的三部键盘协奏曲的唱片合成纪念套装发行，我收的是套装版。

　　除了羽管键琴版，德国的 MDG 唱片公司在 1992 年曾发行过一个管风琴演奏的《哥德堡变奏曲》。管风琴当然属于键盘乐器，所以也算符合巴赫的原意。这张唱片的封面是《哥德堡变奏曲》"咏叹调"主题的乐谱，由出生在柏林的老一辈管风琴家凯特·范特里希演奏，录制这张唱片时他已八十三岁高龄。因此，这是一首非常宁静、安逸的《哥德堡变奏曲》，印象中管风琴的"黄钟大吕"之感在这张唱片里全部被平和的情绪取代，非常圣洁。在这张唱片录制完成四年后，范特里希病逝于不来梅，这张《哥德堡变奏曲》是范特里希的"天鹅之歌"。

　　《哥德堡变奏曲》还有一个别样的双钢琴演奏版，因为巴赫的原意是在双键盘的羽管键琴上演奏，那么用两架钢琴

管风琴版　　　　　　　　双钢琴版

演奏看似忠于巴赫的原意，但听后的感觉却非常不好。《哥德堡变奏曲》由两架钢琴奏来，不但没有锦上添花，反倒显得画蛇添足。我收的是 Sony 唱片公司出版的著名双钢琴演奏组雅拉·塔尔和安德列亚斯·葛洛修森的演奏版，按理说他们可不是无名之辈，更在 Sony 推出过很多优秀的唱片。因此只能说，理想中的完美跟现实中的真实聆听体验还不是完全一回事，要么可能就是我还没听习惯。反正我总觉得《哥德堡变奏曲》不大适合双钢琴。

　　还要特别介绍一个非常容易"走眼"的好版本：爵士钢琴家约翰·刘易斯和太太米尔贾娜·刘易斯演奏的改编版。这版由约翰·刘易斯演奏钢琴，米尔贾娜演奏羽管键琴，古老的羽管键琴和现代的钢琴在这个版本里真的实现了"琴瑟和鸣"。这个《哥德堡变奏曲》的改编版还有一个新的名字——《对弈》（*The Chess Game*），约翰·刘易斯的钢琴和米尔

改编版① 　　　　改编版②

贾娜的羽管键琴时而分开演奏，时而一起竞奏，让人听得欲罢不能。尽管用了两张CD的篇幅，但丝毫不觉枯燥。约翰·刘易斯七岁开始学习钢琴，因为听到了斯托科夫斯基改编的管弦乐版的《d小调托卡塔与赋格》，又在广播节目里听到了改编自巴赫《第三乐队组曲》中的《G弦上的咏叹调》，从而喜欢上了巴赫。在录制这套《对弈》之前，他还改编过巴赫的"平均律"，除了自己主奏钢琴之外，还加入了小提琴、中提琴、吉他和贝斯等乐器。这套同样是在Philips唱片公司出版的《对弈》录制于1987年，看似是爵士钢琴家演奏的《哥德堡变奏曲》，实则是一套态度严谨、旋律动听、颇有新意的纯古典音乐唱片。更有意思的是：约翰·刘易斯在演奏时也是一边弹琴，一边"哼哼"——这点倒是很像格伦·古尔德——聆听唱片时随时可以听到他的低吟浅唱。

相比之下，法国的雅克·卢瑟恩和他的爵士三重奏乐团演奏的《哥德堡变奏曲》就是纯粹的爵士改编版了。雅克·卢瑟恩改编的爵士巴赫系列作品一直颇有影响，深受好评。爵士三重奏版的《哥德堡变奏曲》虽是改编，但雅克·卢瑟恩弹

爵士三重奏版

全了三十段变奏，本来即兴变奏就是爵士乐手的看家本领。他们在 Telarc 唱片公司不仅录制巴赫作品的爵士版，也录制过许多其他古典音乐大师经典作品的爵士改编版。

《哥德堡变奏曲》还有其他多种乐器演奏的各式各样的改编版：竖琴独奏版、吉他独奏版、手风琴独奏版、弦乐三重奏版、打击乐器演奏版、铜管五重奏版、乐队合奏版，等等，真是数不胜数。

被冷落的精品

《音乐的奉献》

最仁慈的国王陛下：

我怀着极其谦卑的敬意呈送陛下《音乐的奉献》，它的最杰出的部分出自陛下的演绎。每当想起拜访波茨坦受到陛下非常特殊和极为特别的恩宠，我就心怀崇敬，由衷喜悦。当时，陛下俯允在钢琴上演奏了一个赋格主题，并以最仁慈的命令要我在最尊贵的陛下面前完成它。听从陛下的吩咐是最卑贱的我的职责。但是，我很快注意到由于自己缺乏必要的准备，这个任务完成得未能像如此优美的主题所需要的。因此，我下决心，一定要把这个完美又神圣的主题写得更好。现在，尽我最大的能力，我完成了这个计划。陛下的伟大，不仅表现在

军事和治安方面，在音乐艺术方面，您也受到了所
有人民的由衷赞美和钦羡。我冒失地再向陛下提一
个最卑贱的请求：请陛下惠予这部微小的作品最宽
大仁慈的胸怀，并对陛下的最卑贱最恭顺的仆人继
续施予您的最高贵、最仁慈的恩惠。

陛下最卑贱最恭顺的奴仆

1747 年 7 月 7 日 莱比锡

这又是一封出自巴赫的态度谦卑到极点的"自荐信"，
信中的陛下就是以热爱音乐著称的普鲁士国王腓特烈二世。
这位国王是不是一位出色的君主不在我们的话题范围，但他
是一位标准的音乐爱好者是毫无疑问的。

欧洲的历史上不乏有名的"不务正业"的君主，这位腓
特烈二世堪称"个中翘楚"。在他还是"太子"的时候，他
的父亲腓特烈一世就看出他对音乐很狂热，曾用强制手段制
止他学音乐，让他一门心思准备治理国家。谁知这位"太子"
竟然偷偷找老师学习，不仅学会了作曲，还能把长笛吹奏得
有模有样。据说，为了"追星"，还不止一次和"三五知己"
一起偷偷溜出皇宫，对此腓特烈一世怒发冲冠，下令把和他
一起出宫的"知己"们全部"斩立决"，但他依旧痴心不改。
在继承了父亲的王位之后，自是可以随心所欲地玩音乐了，

那幅名叫《无忧宫中的音乐会》的油画记录的就是腓特烈二世在自己的无忧宫里举办音乐会的场景。EMI 唱片公司还曾出版过一套法国的长笛演奏大师帕胡德演奏的《无忧宫中的长笛美乐》专辑，唱片封面上，演奏家帕胡德扮演了腓特烈二世，专辑中收录的就是当年腓特烈二世拥有的众多音乐家为他创作的长笛主奏的作品，也包括这位"君主作曲家"的原创作品，还有巴赫敬献的《音乐的奉献》。不过，《音乐的奉献》在当年却从未列入过无忧宫音乐会的曲目单。

巴赫信中提到他去波茨坦"朝拜"腓特烈二世是在 1747 年的 5 月 7 日。他的次子卡尔·菲利普·埃玛纽埃尔·巴赫从 1738 年开始，成为腓特烈二世的宫廷乐师，国王当然听说过自己的乐师有一位出色的老爸，所以就邀请巴赫有空时来波茨坦看看。但巴赫在莱比锡的工作一直很忙，直到 1747 年的春天，儿子写信给他，让他这次务必前来，因为他已经是爷爷了——埃玛纽埃尔已经结婚，并且在 1745 年 11 月做了父亲。

看到孩子事业有成，自己的家族又后继有人，第一次做爷爷的巴赫当然要去看看可爱的孙子。所以，巴赫在大儿子威廉的陪同下，"飞快"地来到了波茨坦。

传说中巴赫和腓特烈二世的见面场景是这样的：腓特烈二世正在自己的无忧宫里悠闲地和乐手们玩着音乐，此时有人报告巴赫已经到了波茨坦。腓特烈二世立刻停下手中的长笛，派人去迎接巴赫。风尘仆仆的巴赫本想在馆驿里先休息一下，换身正式些的衣服再去无忧宫。没料到被国王的差人告知，腓特烈二世马上就要见他。

巴赫连衣服都没换就赶到了无忧宫。腓特烈二世特别对大臣和乐手们说："各位，老巴赫来了。"这样，当晚腓特烈二世的"无忧宫音乐会"就成了巴赫的"粉丝见面会"。国王口中的"老巴赫"演奏了当时刚刚运到无忧宫的最新型的羽管键琴，大臣和乐手们无不拍手称赞。

按照当时音乐会的惯例，贵宾当场给出一个音乐主题，音乐家立刻要用这个主题即兴演奏。无忧宫里最尊贵的当然就是国王腓特烈二世，只见尊贵的国王屈尊从宝座移步到羽管键琴旁，现场弹奏了一段音乐主题。巴赫根据这段主题进行了一个多小时的即兴演奏，这就是巴赫信中提到的《音乐的奉献》的最初来源。因为当晚巴赫的即兴表演非常精彩，让腓特烈二世意犹未尽，所以在第二天，国王又把巴赫叫到了无忧宫。这一次，国王不仅给了巴赫一个新的音乐主题，还特别强调，要巴赫用这个主题即兴演奏一段"六声部赋格"。

这一次，国王把巴赫难住了。

腓特烈二世给出的主题虽"恢宏"却不适合改编成赋格曲，巴赫虽是赋格高手却也一时无法应对。机智的巴赫马上答复国王："陛下的主题实难立刻完成，请陛下容许微臣用新的主题展现。"所以，虽然巴赫这一次的即兴演奏一样获得了热烈掌声，但腓特烈二世的这个主题也成了巴赫的心病，所以才有了开始时的那封谦卑的信。

　　但是，关于《音乐的奉献》的创作过程，还有一种说法，认为巴赫就是根据第一晚的即兴演奏加以整理，所谓被腓特烈二世"难住"的第二晚的现场演奏历史上从未发生过，因为那一天他并没有再去无忧宫，而是在当地的教堂里进行了管风琴演奏。但可以肯定的是，回到莱比锡的巴赫精心地把腓特烈二世的主题发展成了《音乐的奉献》，并且还特别给长笛安排了精彩的演奏段落。但是，腓特烈二世却把"老巴赫"忘到了九霄云外。无忧宫里天天宾客云集，各路音乐高手纷纷献艺，国王哪有心思再去回味一个"过气"的音乐人的良苦用心呢？

　　更让后人无法想象的是，"不差钱"的腓特烈二世不去理会巴赫敬献的《音乐的奉献》也就罢了，他竟然在巴赫为他现场演奏之后连一分钱的"演出费"都没给。不仅如此，巴赫波茨坦之行的往返路费，甚至连住宿费都是自己掏腰包。巴赫固然是去看自己的儿子和孙子，但为腓特烈二世做"御前演奏"怎么说也应该得到一定的报酬，可是国王仅仅漫不经心地随便"点"了几个"赞"，就再无任何表示了。是腓特烈二世太"抠门儿"吗？一国之君难道会缺几个金币吗？我们只能说，在这位君主的眼中，巴赫太微不足道了。或许你可能还有疑问：巴赫的次子不是腓特烈二世的宫廷乐师吗？难道他就不能提醒国王关注一下老爸的心血？其实，卡尔·菲利普·埃玛纽埃尔·巴赫在无忧宫中的地位并不高，无忧宫中真正说一不二的音乐家是长笛大师约翰·约阿希姆·匡茨，他在腓特烈二世还是"太子"时就是"帝师"，也就是说，腓特烈二世的长笛演奏技艺都是匡茨教的。卡尔·菲利普·埃玛纽埃尔·巴赫从腓特烈二世那里得到的薪水只有匡茨的七分之一。后来，巴赫的次子干脆辞职去了汉堡另谋高就，这就使得巴赫的作品更不可能被腓特烈二世"浏览"到了。

《无忧宫中的长笛美乐》封面
帕胡德以国王形象演奏长笛

现在，我们听这张帕胡德与波茨坦室内学院古乐团合作演奏的《无忧宫中的长笛美乐》，唱片公司精心营造了"原汁原味"的感觉，但不要忘了：当年的无忧宫里从没演奏过《音乐的奉献》，也从未支付给巴赫"稿费"。

这套唱片如不收入《音乐的奉献》，估计"卖点"会立减十分。腓特烈二世因巴赫的敬献而"不朽"，巴赫的经典却不会因君主的冷落而逊色。

音乐的奉献
主题

最后的"赋格"

《赋格的艺术》

　　1750年3月，长期受弱视困扰的巴赫又患上了白内障，不得不接受一位来自英国的"名医"约翰·泰勒的手术治疗，可是术后效果不佳。为此在同年的4月，约翰·泰勒为巴赫进行了第二次手术治疗，结果彻底葬送了巴赫本来就岌岌可危的视力，巴赫什么都看不见了。更为严重的是，两次手术的失败不仅毁了巴赫的视觉，也让他衰老的身体雪上加霜。1750年7月28日，巴赫病逝于莱比锡。

　　巴赫去世几年后，回到伦敦的约翰·泰勒又为另一位音乐大师、跟巴赫同岁的亨德尔做了眼部手术，结果亨德尔的眼睛也在术后完全失明了。连续使两位音乐史上的巨人失明，这让约翰·泰勒在音乐史上"大名鼎鼎"，在日后任何讲述巴赫或亨德尔生平的文字中都要留下一笔。

我们现在可以断定约翰·泰勒就是一位只会"忽悠"的庸医，毕竟白内障手术搁现在的确"不叫事儿"。虽然在那个年代，医疗条件不算发达，但也不至于连续让巴赫和亨德尔的生命以悲剧告终。那个年代资讯也不发达，巴赫和亨德尔虽神交已久，却从未见过面，更不可能在社交媒体上"互相关注"，巴赫手术失败的消息亨德尔也不可能知道，结果让约翰·泰勒连续得逞。

不过，晚年失明的亨德尔已经基本完成了自己所有重要作品的创作，可是失明前的巴赫正在着手谱写准备作为自己人生总结的《赋格的艺术》。因为手术失败，《赋格的艺术》无法完成，巴赫的绝笔成了残篇，约翰·泰勒确实罪不可赦。

早在1742年，巴赫就开始着手谱写《赋格的艺术》，跟《哥德堡变奏曲》相似的是，《赋格的艺术》也是一部单一主题的变奏曲，巴赫将这一主题做了十四段赋格，最早巴赫准备用四段两声部的卡农作为《赋格的艺术》的终结篇，但却未下最后的决定。几年后，在《赋格的艺术》的乐谱准备出版之前，巴赫决定对作品做最后的修改。但是改写的过程非常艰难，巴赫的视力已经使他无法书写，他只能闭着眼睛跟学生口授。很可惜，巴赫虽不惧黑暗，却无法战胜死神，《赋格的艺术》最终还是一部未完成的作品。

如今，《哥德堡变奏曲》已经是最流行的巴赫的作品，而《赋格的艺术》依然是公认的巴赫写下的最深奥的曲子。其实，与其说《赋格的艺术》深奥，不如说《赋格的艺术》是巴赫写出的最个人、最自我的作品。巴赫毕生都在努力做一位好乐师、好父亲，为雇主、为孩子写了不知多少，到了暮年，巴赫终于决定为自己写一份"音乐总结"。

其实，《赋格的艺术》没有丝毫的"学究气"，当然，乐曲的主题是低沉的，但并不悲观，巴赫在音乐中平静地面对人生的最后归宿。至于所谓的"深奥"，那是因为巴赫是"赋格大师"，现在让音乐学院作曲系的学子们头疼至极的赋格作业在巴赫手中如流水一般，信手拈来，挥洒自如。再加上巴赫是为自己写《赋格的艺术》，他并未考虑普通听众的接受程度。

巴赫还在《赋格的艺术》中嵌入了与自己的姓氏BACH对应的音乐主题，（B-A-C-H 对应的音符是 Xi-La-Do-Xi），但是，就在改写到 B-A-C-H 为主题的那段赋格时，巴赫永远闭上了眼睛。后来，《赋格的艺术》乐谱出版时，卡尔·菲利普·埃玛纽埃尔·巴赫在父亲的手稿上写下：

在完成这首有 B-A-C-H 名字的对题赋格时，作者离开了人世。

在卡尔·菲利普·埃玛纽埃尔·巴赫为父亲写的悼词中我们得知：巴赫原本计划把《赋格的艺术》的最后一段赋格写成"回返赋格"的形式，也就是说，我们可以把整部作品倒过来听——终点也是起点，起点也是终点。

但是，《赋格的艺术》的创作终结于 1749 年 12 月 11 日，这是巴赫在乐谱上最后落笔的时间。等到两次手术失败之后，巴赫在 1750 年 7 月中旬突然恢复了精气神，但这仅仅是回光返照。1750 年 7 月 28 日，巴赫于莱比锡去世，三日后下葬。

1800 年，巴赫去世五十年后，《大众音乐报》刊发了一则《救人启事》，呼吁大家都来帮助贫病交加的巴赫最小的女儿雷吉纳·苏珊娜，募捐发起人中包括海顿和贝多芬。不过，苏珊娜还是在九年后去世。

1829 年，音乐家门德尔松在一家肉铺里无意间看到用来包肉的是写满音符的五线谱纸，不禁好奇地翻看，就这样在被认定是一钱不值的废纸中挖出了宝藏——巴赫的《马太受难曲》的总谱。经门德尔松整理之后，《马太受难曲》的"删节版"于 1829 年 3 月 11 日和 21 日两次演出。

1838 年，还是门德尔松，在莱比锡指挥演出了巴赫的《第三号乐队组曲》。两年后，门德尔松在圣托马斯教堂举办音乐会，用管风琴演奏巴赫的作品。到此刻，莱比锡的听众才终于明白：原来我们的城市曾经有过一位如此伟大的作曲家。

1843 年，门德尔松捐献给莱比锡一座巴赫纪念雕像。六年后，伦敦巴赫学会成立。

1850 年，在巴赫去世一百年后，莱比锡成立了第一个"巴赫协会"，将散落到各地的巴赫创作手稿一一整理。协会的负责人中包括舒曼、李斯特等作曲家。

1884 年，在巴赫出生地爱森纳赫的圣乔治教堂前，也立起了一座巴赫的纪念雕像。后来，雕像被移到巴赫的故居前。

1900 年，第一个"巴赫协会"解散，解散前出版了历史上第一部《巴赫作品全集》，共四十六卷。随后，新"巴赫协会"成立，继续挖掘、整理巴赫的作品，并决定举办"巴赫音乐节"。

1950 年，巴赫逝世二百周年，巴赫的遗骨终于迁葬于圣托马斯教堂。两百年前，巴赫的遗体被草草葬于莱比锡城外的圣约翰教堂墓地，后来因为教堂扩建，装有巴赫遗体的棺木也被"惊到"，经专家认定棺木里就是巴赫的遗骨，巴赫在死后多年又被解剖、验证，被重新葬在扩建后的圣约翰教堂地下墓穴。死后两百年，巴赫终于被当年在无奈之下才给了他工作机会的圣托马斯教堂迎奉"荣归"。如今的莱比锡以巴赫为荣，巴赫的巨大石像伫立在圣托马斯教堂前，尽管当年他从未享受过这样的待遇。

2000 年，巴赫逝世二百五十周年，唱片史上第一套相对完整的巴赫作品全集由 Teldec 唱片公司出版，由一百五十三张 CD 组成。后来，德国的汉斯勒唱片公司制作的巴赫全集由一百七十二张 CD 组成。但这两套大全集依然不能算是完整的"巴赫作品全集"，至少《赋格的艺术》还有不同的版本有待挖掘。

依据巴赫的原意，《赋格的艺术》是键盘乐器独奏曲目，因此，用管风琴或羽管键琴演奏是最合适的，现代钢琴亦可。在我听过的《赋格的艺术》的唱片中，格伦·古尔德的版本是非常特殊的，这位一向以个性突出的钢琴怪杰在演绎《赋格的艺术》时却非常忠实于巴赫的原意，竟然弹起了管风琴。不过他的《赋格的艺术》只是一个删节版，他只选录了部分赋格，录制时间是 1962 年的年初。后来，古尔德也用钢琴演奏、录制了《赋格的艺术》的部分段落。无论是用管风琴

 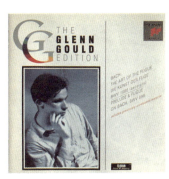

古尔德首版LP封面　　　　　古尔德再版CD封面

还是用钢琴，目前都未发现古尔德曾录过完整版。不得不说，即使是弹管风琴，古尔德也能给听者惊喜，这是一版不能不听的《赋格的艺术》。Sony公司发行的中价系列CD除了收入1962年的管风琴版之外，还收入了古尔德于1967年和1981年分别在加拿大广播公司和加拿大电视台录制的钢琴版，但都是片段。CD版的最后一段曲目是巴赫的《降B大调前奏曲与赋格》，这也是一部嵌入了BACH姓氏的键盘独奏作品。

同样来自加拿大的钢琴演奏家安杰拉·休伊特一样以演奏巴赫著称，她在2013年8月录制的《赋格的艺术》由Hyperion唱片公司以双CD的篇幅发行，因为演奏时间超过了八十五分钟。休伊特此前录制的巴赫众多的键盘独奏作品均颇受好评，这版《赋格的艺术》亦属佳作。虽然演奏速度上确实显得稍慢了一些，但颇具意境，我就是听了这套《赋格的艺术》对休伊特"路转粉"的。

休伊特钢琴版

荷兰的阿姆斯特丹洛基星尘四重奏乐团演绎的《赋格的艺术》则是别样的竖笛四重奏版。竖笛是一种非常古老的乐器，所以这版《赋格的艺术》是比本真演奏还要本真的古乐版。竖笛四重奏版《赋格的艺术》

由演奏家们亲自改编，并由荷兰的古典频道唱片公司于 1998 年发行。听过这版《赋格的艺术》，不得不赞叹古老的竖笛的表现力，更钦佩演奏家们技艺高超。不过，坦率地说，完整听完之后，听觉感受有些累。

竖笛四重奏版

同样是四重奏，著名的弦乐四重奏演奏团埃默森四重奏于 2000 年在 DG 录制的弦乐四重奏版《赋格的艺术》是我最喜爱的唱片之一。我曾有幸采访过埃默森四重奏乐团，亲眼见到他们那高超的技艺和谦逊的态度，特别

埃默森版

是乐队的小提琴手尤金，绝对是一位对待艺术非常真诚、内心又天真至极的艺术大家。因此，我对这支四重奏的唱片基本上是见一张收一张，也算是"粉丝"心态。埃默森四重奏演奏的《赋格的艺术》考证严谨，技术规范，且非常动听。

1984 年，戈贝尔和他的科隆古乐团在 DG 旗下的 Archiv 录制了《赋格的艺术》。虽然唱片封面上标明演奏的是科隆古

科隆古乐团版　　　　　　　　拜占庭学院古乐团版

乐团，实际上乐手只有五位：四位弦乐手加上演奏羽管键琴的安德雷斯·斯泰尔。这张唱片曾是非常有影响的本真风格的《赋格的艺术》。不过，好的演绎是永无止境的，本真演绎更是如此。2017 年，奥塔维奥·丹通和他的拜占庭学院古乐团在 Decca 唱片公司录制了最新版的《赋格的艺术》。跟当年科隆古乐团的版本相比，这个版本只增加了一位演奏管风琴的乐手，但加上管风琴，给听者的感觉却是"意思全对了"。六位乐手演绎的《赋格的艺术》宛若优雅的长卷，舒缓中音乐情绪饱满。最后的乐段，乐声戛然而止，让人意犹未尽，也更为巴赫生前未能最终完成《赋格的艺术》感到遗憾。

赋格之一

海顿

Jos: Haydn

因交响曲迈入"舒适区"

1749 年，当时十七岁的约瑟夫·海顿绝对不会想到日后自己会被莫扎特亲切地称为"海顿爸爸"，还会有一位名叫贝多芬的学生，更不敢奢望自己将来会被尊为"交响曲之父"。

那时"海顿爸爸"的当务之急是：今天的晚餐怎么解决？

因为即将成年的海顿失业了。

作为家中长子，海顿在刚满五岁的时候就离开了家。

那年，海顿家来了一位名叫约翰·马迪亚斯·弗兰克的远房亲戚，他是海茵堡一所学校的校长兼教堂唱诗班领唱。弗兰克看到了小海顿模仿小提琴演奏的样子，觉得海顿很有音乐天赋，就向海顿的父母承诺，可以让小海顿走上音乐的道路。

这个承诺让小海顿从此和父母分离，跟着弗兰克从家乡来到了海茵堡，接受音乐教育和专业指导。

约翰·马迪亚斯·弗兰克给予小海顿的教育方式是：打。

他倒不是一个"天生虐待狂"，他只是迷信：小孩子不打不成才。

棍棒之下，小海顿学会了弹奏羽管键琴、演奏小提琴，同时还学会了歌唱。

众多学业中，海顿在歌唱方面的表现最为出色。

据说，海顿的父亲就是一位不错的业余男高音。

到了海茵堡一年之后，六岁的小海顿凭借出色的歌喉，成为教堂唱诗班的小领唱，一时在海茵堡也算得上是个小明星了。

1739 年，维也纳的宫廷乐长兼圣史蒂芬教堂唱诗班的音乐指导乔治·莱特来到海茵堡寻找歌唱人才，不到八岁的小海顿顺利地通过了乔治·莱特的面试。

乔治·莱特把海顿从海茵堡带到了维也纳，海顿成为圣史蒂芬教堂唱诗班的成员。圣史蒂芬教堂在当时被誉为"帝国首席教堂"，条件非常不错。但是海顿的日子却依然过得非常苦楚，因为乔治·莱特对他连基本的关心都没有。

为了留住海顿的美妙童音，乔治·莱特建议海顿"挥刀自宫"，这样不仅可以永远保持美妙的音色，日后还可以成为很抢手的阉人歌手。也不能说乔治·莱特完全是恶意，因为对当时的穷苦人家孩子来说，做阉人歌手可能是改换门庭的"最好"选择。

海顿尚未成年，这样重大的决定，乔治·莱特必须先征得海顿父母的同意。

老海顿拒绝了乔治·莱特。

虽然海顿的身体得以保全，但从此乔治·莱特就跟海顿结下了"梁子"。

在唱诗班期间，海顿学会了演奏管风琴，还学了不少音乐理论、作曲技法，但这都不是乔治·莱特教的。乔治·莱特给海顿的只有挖苦、羞辱、责骂。对于这种粗暴的对待，海顿在选择默默接受的同时加倍努力地学习。

据文献记载，海顿和小提琴形影不离，一有空就练习。

不过，海顿最出色的还是他的歌喉，他的演唱是唱诗班的最大"卖点"，乔治·莱特虽然心里记恨海顿，可还是得把海顿留在唱诗班里。

直到海顿十七岁的这一年。

虽然从小就饱受虐待，但海顿却是个天生的乐天派，长大的他依然保持着自己的乐观本色——经常搞些恶作剧。

海顿在唱诗班搞的最后一个恶作剧是剪掉了一位队友的"马尾辫"，当时他刚好得到了一把新剪刀，为了试试新剪刀到底有多快，他对坐在他前面的队友下了手。

乔治·莱特不仅大声训斥了海顿，还给了海顿一个别样的惩罚：打手心。

对一个已经十七岁的少年实施这样的体罚，这种羞辱程度是海顿绝对不能接受的。

可乔治·莱特却认为惩罚得还不够，又把海顿"游街示众"，最后干脆把海顿从唱诗班中除名。

按照常理，海顿虽有错，但"罪不至死"。

其实，表面上是海顿犯了错，实际上他被开除的真正原因是变声之后的海顿再也没有以往那美丽的音色了。

海顿被驱逐出效力九年多的唱诗班，离开时身无分文，全部财产只有一件破外套和三件烂衬衫。

就在海顿生死存亡的关键时刻，一位叫作约翰·米夏尔·斯潘格勒的队友收留了海顿。

米夏尔也是穷人的孩子，海顿只能和他挤在一间小阁楼里。虽不至于露宿街头，但生存还是最大的难题。

幸甚幸甚，海顿所在的城市是维也纳。

在音乐之都，会音乐的人总能够找机会活下去。海顿从街头流浪乐手做起，然后给酒吧里的舞蹈表演做伴奏乐手，还去教小孩子们拉琴。

一次偶然的机会，海顿邂逅了尼古劳·波波拉，这个名字今天已经无人知晓，但在当年却是大名鼎鼎的歌剧创作大师。

海顿毛遂自荐，做了波波拉的小跟班。

晚年的波波拉脾气暴躁，经常羞辱海顿。

海顿从懂事以来，每一次遇到"贵人"，得到的都是羞辱、打骂，估计海顿早已习惯了。

波波拉在羞辱海顿的同时也给了海顿不少作曲技法上的指点，更让海顿学会了一口流利的意大利语。

1751 年，十九岁的海顿接到了有生以来的第一个创作订单，为一部叫《诡诈的新恶魔》的"哑剧滑稽歌剧"写音乐（所谓哑剧滑稽歌剧是当年盛行在欧洲的一种以哑剧表演结合歌唱的戏剧）。

这部戏首演非常成功，但是很快就被禁演了，现在已经踪影难觅。不过海顿的名声还是逐渐叫响了，陆陆续续接到了各式各样的创作邀约。

1757 年，二十五岁的海顿成了弗恩伯格伯爵的家庭教师，教伯爵的小女儿歌唱和弹琴。虽然还不是一份全职工作，但总算是有了相对"丰厚"的收入。

两年之后，在弗恩伯格伯爵的推荐下，二十七岁的海顿成为莫尔岑公爵家的乐队队长。从伯爵到公爵，不仅门槛上了一个台阶，而且工作性质从"小时工"变成了全职工作。

莫尔岑公爵拥有一支规模虽然不大，但却可以让海顿尽情发挥自己创作才能的乐队，海顿终于可以开始写交响曲了。

《第一交响曲》在 1759 年创作完成，乐队编制为：弦乐器（小提琴、中提琴、大提琴），两支双簧管，两把法国号（圆号），一支巴松管（低音大管），还有大键琴演奏通奏低音。那时的乐队指挥并不是站在指挥台上，而是由演奏通奏低音的键盘手和小提琴首席联合指挥。

《第一交响曲》以"曼海姆渐强"开始，沿袭着早期交响曲"快—慢—快"三个乐章的篇幅。第一乐章的速度是"急板"，音乐情绪热烈之极，似乎是在表达海顿在等待许久之后，终于可以写交响曲的喜悦心情。

在那个年代，作曲家不是完全自由的职业，几乎所有的音乐作品都是应雇主的要求写的，用现在的概念来说，那时的作曲家写的都是"环境音乐"或"场合音乐"。

海顿的作品亦不例外，他开始写交响曲只是因为现在的雇主拥有可以演奏交响曲的乐队，需要他创作交响曲。

但是在海顿心中，写交响曲的念头"由来已久"。

《第一交响曲》虽然有"第一"的序号，但绝对不是海顿写的第一首交响曲。

海顿应该是在 1757 年就已经开始写交响曲了。

那一年，把"曼海姆渐强"运用得出神入化、早期交响曲的创作高手约翰·文兹尔·斯塔米茨刚刚去世。

冥冥中似乎在预示着海顿将把交响曲推到一个新的高

度，从而成为日后的"交响曲之父"。

海顿在1757年开始动笔写的到底是他的哪一部交响曲，到现在还没有定论。

但是，我们还是可以把1759年完成的《第一交响曲》看成是未来的"交响曲之父"辉煌事业的重要起点。

《第一交响曲》以热情华丽的风格、流畅悦耳的旋律获得了热烈的反响，特别是其中的中提琴声部的演奏，更是让人耳目一新。

莫尔岑公爵的府邸总是不乏各路来访的宾朋，他们在听到《第一交响曲》之后基本上都会当场打赏，有些贵宾还会索要乐谱，《第一交响曲》就这样流传了开来。

那个年代，誊抄还是主要的传播方式，《第一交响曲》的乐谱被誊来誊去，各式各样的"手抄本"纷纷出现。

海顿的事业总算是步入了"上升期"，可是又传来了坏消息，莫尔岑公爵因为经营不善，更主要的还是因为挥霍成性，经济状况急转直下，无奈中只好解散乐队。眼看着海顿就要再次"走背字儿"了，但这一次他却迎来了更大的好运。

莫尔岑公爵曾经邀请过保罗·安东·埃斯特哈齐亲王到自己的波西米亚夏宫做客，欢迎音乐会自然由海顿指挥乐队演出，曲目中包括《第一交响曲》，亲王立刻对这首交响曲一听钟情，更对海顿的创作才华赞叹不已。

保罗·安东·埃斯特哈齐亲王当时就想从莫尔岑公爵那里把海顿挖走，但没好意思开口。

现在，既然莫尔岑公爵已经解散了乐队，那么保罗·安东·埃斯特哈齐亲王就可以名正言顺地把海顿接到自己的王宫了。

请注意这位保罗·安东·埃斯特哈齐的头衔：亲王。

从伯爵到公爵再到亲王，海顿所服务雇主的地位可以说是步步高。

保罗·安东·埃斯特哈齐亲王不仅富可敌国，还是一位狂热的音乐爱好者，海顿凭借《第一交响曲》终于迈入了舒适区。

本真演奏名家罗伊·古德曼和汉诺威乐队首先在英国的Nimbus唱片公司开始有计划地录制海顿的交响曲，后来他们的"海顿交响曲系列"移步到Hyperion唱片公司继续录制，不过很可惜，没能完成全集。收录罗伊·古德曼和汉诺威乐队演奏的《第一交响曲》的唱片一共收有海顿的前五首交响曲，罗伊·古德曼一边指挥乐队，一边演奏羽管键琴，这更是百分之百地复制海顿当年交响曲的演出形态。

进入21世纪，法国的Alpha唱片公司推出了"海顿2032"系列唱片，这个系列开始于2013年，准备到2032年，也就是海顿三百周年诞辰时完成，内容是意大利的指挥乔瓦尼·安东尼尼和他的和谐花园古乐团演奏的海顿交响曲。"海顿2032"系列的第一集收录的是海顿的"第三十九""第四十九"和《第一交响曲》，同时还录制了格鲁克的一部芭蕾配乐。以现在唱片业的状态，这个系列可谓信心十足，虽不敢保证一定会坚持到2032年，但诚意可嘉，何况和谐花园古乐团一直是本真演奏的中坚力量。目前，"海顿2032"系列已出到第十集，每一张都非常精彩，不仅演绎出色，装帧设计也让人称道，确实值得收藏。

罗伊·古德曼和汉诺威乐队版

和谐花园古乐团版

第一乐章

写给亲王的音乐"见面礼"

《早晨交响曲》《中午交响曲》《黄昏交响曲》

    1761 年 5 月 1 日，海顿与保罗·安东·埃斯特哈齐亲王签下合约，成为亲王的宫廷乐队副队长。

    在正式签约之前，亲王就迫不及待地让海顿开始工作了。

    埃斯特哈齐亲王曾经向海顿许诺，把乐队队长的职务交给海顿。可是等到把海顿接回家之后，这位可爱的亲王才想起来：乐队的老队长格雷戈尔·维尔纳并没有犯错误，如果只是因为年纪太大就撤销他的职务，实在是有些说不过去，亲王只好先让海顿"屈尊"做副队长。

    虽然是副队长，但从合约上看，亲王已经把乐队的所有事务都交给海顿负责了。合约的第一条就写着：老队长年事已高，仅保留队长职位。

    合约中还写明，海顿是正式的埃斯特哈齐家族成员，尽管地位不高（仅是高级仆从），但必须着正装：白衫，长袜，梳发辫或戴假发，同时还要涂香粉。

从此，身着正装的海顿在每天的规定时间必须向亲王报告，询问是否需要乐队演奏（一般情况下都是需要）。除指挥乐队演奏之外，更得负责创作，而且写出的作品版权均归亲王所有，海顿自己无权提供给他人传抄。其他的跟乐队有关的大小事情，海顿也得一一负责，甚至还得负责维修乐器。

亲王的乐队虽然规模不算庞大，可是其中已经有不少技艺高超的演奏大师，包括小提琴演奏名家路易吉·多马基尼和大提琴演奏名家约瑟夫·威格。

请来海顿之后，亲王决定扩充乐队规模，一下子又招来九位新乐手，主要是充实木管和铜管乐器的演奏阵容，不少管乐手是亲王特别从军乐队中挖来的。

不过，亲王并不是一味地"有钱任性"，在招募新乐手的同时也"清理"了一些不称职的老乐手。

看来，竞聘上岗在18世纪已经是惯例了。

没有证据表明海顿参与了乐手的竞聘工作，但作为乐队的实际负责人，想必他也会向亲王提供一些自己的意见，这也很像现在的乐队总监。

竞聘之后，崭新的亲王御用乐队首场演出正式举行，地点是在亲王的威尼斯夏宫，那是亲王"过暑假"的行宫，时间是 1761 年的 5 月或 6 月。

首场音乐会上，演奏了海顿献给亲王的"见面礼"——三首新写的交响曲。

海顿是在 5 月 1 日和亲王签约的，这么快就拿出了三部全新的交响曲，表明海顿在正式签约之前就已经开始创作这些交响曲了。

按照序号，这三首交响曲是海顿的第六、第七和第八交响曲。

应亲王的要求，这三首交响曲都带着浓浓的意大利风情。原因不仅是因为早期的交响曲就是从意大利式序曲演变而来，更重要的是亲王夫人是意大利人。

当时，最流行的是意大利"红发琴王"维瓦尔第的小提琴协奏曲《四季》，亲王希望海顿可以写出媲美《四季》的新作。

乐迷都知道，《四季》是维瓦尔第创作的分别以春、夏、秋、冬为主题的四部小提琴协奏曲。（其实维瓦尔第的全套作品由十二首协奏曲组成，所谓《四季》只是其中的前四首。）

海顿应雇主的要求，写了类似于《四季》的"系列套曲"，不过是"三部曲"。而且没有像《四季》那样写成协奏曲，而是交响曲。这其实也是亲王的愿望，他希望海顿效仿维瓦尔第的《四季》，但又要区别于《四季》。

海顿很好地完成了亲王的心愿，亲王也非常满意海顿的新作，亲自给这三部交响曲分别用法文命名为 *Le Matin*、

Le Midi、*Le Soir*，意思是早晨、中午和黄昏。

说来也巧，日后海顿创作的交响曲，知名度往往都是有标题的大于无标题的。

不过，这些标题大都不是海顿的本意，很多都是出版商或是乐迷硬加上去的，像"早晨""中午""黄昏"就是由雇主亲自命名的，海顿创作的时候，心中的画面未必是"早晨""中午""黄昏"。

但是必须承认，即使保罗·安东·埃斯特哈齐亲王不是一位世袭贵族，也一定会是一位成功的出版商，因为他知道怎么给看似深奥的交响曲起个通俗的、有卖点的标题。

"早晨""中午""黄昏"，这样的标题太吸引人了。

从此，这三部交响曲"密不可分"，成为海顿知名的"交响三部曲"。

"交响三部曲"均为现在通行的四个乐章的形式，乐队的编制除了弦乐器之外，还包括长笛、双簧管、巴松管（大管）和法国号（圆号），当然还有大键琴演奏通奏低音。

《早晨交响曲》的开始是一段由木管乐器奏出的慢速的引子，给听者以逼真的、仿佛看到了日出的聆听感受。后面的快板优美动听，预示着早上的好心情。

虽然海顿没有写类似维瓦尔第那样的协奏曲，但《早晨交响曲》还是保留了一些早期的协奏曲，或者说类似于巴洛克时期的音乐风格，特别是第二乐章。整个乐章通篇由弦乐器演奏，曲调十分委婉，小提琴的独奏段落和大提琴的独奏段落交相辉映。看来当时亲王乐队里的两位演奏家确实属于明星级别的人物。

不仅是《早晨交响曲》，《中午交响曲》和《黄昏交响曲》的第二乐章也都是只有弦乐，以便突出两位演奏家的尽情发挥。特别是《中午交响曲》的第二乐章，海顿让这个乐章从"宣叙调"开始，主奏小提琴如同歌剧舞台上的女高音那样奏出了歌唱性的旋律，弦乐队则像是歌剧的伴奏乐队，整个乐章如同一段无词的歌剧表演。海顿在尝试着把歌剧语汇转变为器乐语汇，可能也借助委婉凄美的音乐情绪表达自己内心深处某些无法对雇主倾诉的心事。

管乐器在"交响三部曲"中也不乏用武之地，特别是在第一乐章中，扮演了主角，《黄昏交响曲》的第一乐章就非常类似巴洛克的管乐协奏曲。海顿特意向亲王表示：从军乐队"挖"过来的演奏家们也都是高手。

《黄昏交响曲》的第四乐章以欢快的急板结束，这可能是海顿唯一一处向《四季》"致敬"的地方，急切的音乐情绪描述的是傍晚时暴风雨的突然来临。

维瓦尔第的《四季》的第二部《夏》的末乐章也是急板，描述的是夏日午后突然来袭的一场暴风雨，海顿把"暴风雨"放到了"三部曲"的最后，还给这个乐章也用法文命名为 *La*

Tempesta，也就是《暴风雨》，后来这个乐章就被习惯性地叫作"海顿的暴风雨"。

海顿此举让《黄昏交响曲》成为最早的标题音乐，比公认的第一部标题交响曲——贝多芬的《田园交响曲》早了四十五年。不过《田园交响曲》是每个乐章都有标题，海顿则只是命名了《黄昏交响曲》的最后一个乐章。

1993 年，当时以廉价著称的 Naxos 唱片公司录制了英国北方室内乐团演奏的"交响三部曲"，是 Naxos "海顿交响曲"全集系列的第七辑。英国北方室内乐团成立于 1967 年，地点在曼彻斯特，乐队大约有二十多名演奏家。担任这张唱

Naxos版

片指挥的是 1952 年出生于曼彻斯特的尼古拉斯·瓦德，他最早学习钢琴，后来改学小提琴，曾是英国皇家爱乐乐团的成员。他和英国北方室内乐团在 Naxos 录制了不少优质的专辑，这张唱片就是其中的代表，跟那些所谓大牌指挥、大牌乐团录制的"交响三部曲"相比，毫不逊色，可以说是物美价廉。专辑的封面就是海顿当年的雇主埃斯特哈齐亲王的城堡。

早晨交响曲第一乐章

给"东家"的庆典贺礼

《号角交响曲》

1762 年 3 月 18 日，海顿的雇主保罗·安东·埃斯特哈齐亲王去世，享年五十一岁。海顿是在 1761 年 5 月 1 日同亲王正式签约的，也就是说，海顿为亲王正式效力还不到一年，亲王就撒手人寰。

保罗·安东亲王的弟弟尼古拉斯·埃斯特哈齐继承了亲王的爵位，成了海顿的新雇主。跟哥哥相比，尼古拉斯亲王不仅是个超级音乐爱好者，还会演奏乐器。所以，他不仅继续重用海顿，还给海顿加了薪金。

尼古拉斯亲王喜欢大家称呼他为"伟大的"埃斯特哈齐，之所以拥有"伟大"这个"光荣称号"是因为他修建了豪华的、属于他自己的埃斯特哈兹王宫。当然，哥哥在世时拥有的埃斯特哈齐王宫依然是家族的总部所在地，但现在家族是自己说了算，尼古拉斯亲王当然希望拥有自己的王宫，反正家里也不缺钱，那就修建个新的宫殿吧。

尼古拉斯亲王选了一处非常僻静的地方——原本是一块平坦的沼泽地，栖息着很多野生动物，是理想的打猎场所。亲王家族原先在这块沼泽地附近建有一座小驿站，打猎之后用来休息。现在，亲王决定将这座驿站改建成自己的"凡尔赛宫"。

1764 年，尼古拉斯亲王访问了凡尔赛宫，对凡尔赛宫赞叹不已。现在，他要把自家的沼泽地改造成可以媲美凡尔赛宫的地方。可是凡尔赛宫太大了，想在很短时间内修建完成是不可能的。

最后，亲王决定一座行宫、一座行宫地修。

最初完成的是埃斯特哈兹城堡，这个地方后来成为亲王避暑的行宫。

1765 年，在埃斯特哈兹城堡的竣工典礼上，首演了海顿特别创作的庆典贺礼——《D 大调第三十一交响曲》，也就是《号角交响曲》。

《号角交响曲》最大的特点就是在配器上用了四把法国号，也就是圆号，因为爱讲排场的尼古拉斯亲王觉得哥哥原先的乐队还是不够豪华，便进一步扩充了乐队的阵容，增加了一些新的乐手，特别是铜管部分，编制中竟然有四位圆号手。

《号角交响曲》就在四把圆号吹奏的"号角"主题中开始，既有"开幕典礼"的隆重感，又表现了亲王的最大爱好——打猎。

圆号这件乐器最初就是打猎用的号角，现在也算是回归本真。

作为亲王的高级仆从，海顿在为亲王谱写音乐、指挥乐队之余，少不了陪着亲王打猎，结果练就了一身高超的射术，能一发打中三只野鸡。

可是，光会"一发三中"是无法让亲王满意的。海顿还得好好地完成自己的本职工作。亲王修好了新的夏日行宫，更少不了要随时打猎。故而海顿投本家所好，专门写了这部《号角交响曲》，音乐既符合庆贺埃斯特哈兹城堡竣工的喜悦气氛，又描述了亲王熟悉的生活场景。

《号角交响曲》还是海顿向亲王展示自己忠诚的音乐"表白书"，因为在那段时间，老乐长格雷戈尔·维尔纳向新的亲王"举报"海顿做事不周，克扣乐手的粮饷，更对自己不恭。尼古拉斯亲王虽说不会真的相信这些"欲加之罪"，但海顿还是要做得周全一些，写一部老乐长无论如何也写不出的交响曲就是最好的办法。

《号角交响曲》不仅仅只有第一乐章四把圆号齐奏的"噱头"，后面的三个乐章也非常精彩。

第二乐章是带着西西里风格的柔板，照例还是只有弦乐演奏，海顿当然不会忘了乐队中的小提琴名家路易吉·多马基尼和大提琴演奏名家约瑟夫·威格。

第三乐章"小步舞曲"则是一段带有圆舞曲味道的三重

奏，圆号和双簧管也奏出了迷人的音色。

　　《号角交响曲》最别致的还是第四乐章，这个乐章的速度是"非常适中的"。海顿写了一段精彩的变奏曲，主题奏出之后，经过七段变奏以急板结束。以往"意大利式交响曲"的终乐章一般都是急板，速度偏快且演奏时间不长，海顿在此则打破了传统情绪模式，让早期的交响曲有了较丰富的音乐表现力，交响曲逐步与以往的"组曲""大奏鸣曲""交响协奏曲"彻底分离，变成了最重要的管弦乐队的演奏内容。海顿既然在《号角交响曲》敢用四把圆号，说明亲王的乐队中，圆号演奏家一定是高手。早在保罗·安东亲王在世的时候，海顿创作的《第五交响曲》里就有圆号的超凡表现，可是昔日的这些圆号演奏高手到底是谁，现在已无从了解。

　　《号角交响曲》不是海顿为尼古拉斯亲王写的唯一一部有关打猎的交响曲。1781年，亲王的又一座冬日行宫建成，开幕庆典演出的是海顿创作的歌剧《忠诚的回报》。海顿把这部歌剧的序曲挪到了自己新写的一部交响曲之中，用作最后一个乐章，这就是海顿的《D大调

《打猎》专辑封面

第七十三交响曲》。海顿亲自给这部交响曲起了一个法文标题 *La chasse*，也就是《打猎交响曲》。

奥地利的 Orfeo 唱片公司在 1997 年出品过一张名为《打猎》的专辑，里面收录了包括《打猎交响曲》在内的多部相同题材的交响音乐作品，还有流行于那个年代的由打猎号角吹奏的打猎主题作品，由维也纳大众室内乐队演奏，克里斯托弗·坎佩斯特里尼指挥。专辑封面的图片就是一幅打猎时的画，骑手拿着的就是打猎号角，也就是圆号的最初形态。

1988 年 11 月，著名指挥家查尔斯·马克拉斯爵士指挥圣卢克交响乐团在 Telarc 公司录制了《号角交响曲》，这张唱片的封面是埃斯特哈齐城堡的照片。马克拉斯在 Telarc 录制的莫扎特交响曲全集一直颇有好评，他指挥的海顿也属高水准，唱片另一部海顿的作品是《告别交响曲》。

《号角交响曲》封面

第一乐章

写给自己的葬礼音乐

《悼念交响曲》

1766 年，埃斯特哈齐亲王府上的老乐长格雷戈尔·维尔纳去世，海顿正式被尼古拉斯亲王升为乐长。"亲王对我的所有工作都非常满意。"海顿曾这样对人描述自己在亲王府的日子，"我与世隔离，不受干扰。"

那么，这位"不受干扰"的乐长每天的工作到底是什么样子呢？

"亲王府"的每件日程都曾留下过"日志"，我们不妨看看其中的某些记录：

晚上 8 点贵宾莅临，接待之后先演出一部短剧，然后举行欢迎宴会。

转天早上，乐队演奏唤醒宾客。陪同贵宾参观城堡与剧院。正午时分，花园巡游之后前往歌剧院，观看海顿的全新创作。

歌剧结束之后举办晚宴，最后是数千人参加的假面舞会。

上午打猎。下午演出一部由海顿配乐的戏剧。晚宴之后，贵宾在乐队伴奏下前往广场观看焰火表演，焰火表演之后继续假面舞会⋯⋯

除了歌剧院、狩猎场、焰火广场之外，亲王家里还有木偶剧院、供马戏表演的大帐篷、各类小型剧场与大小广场，等等，几乎所有这些表演的音乐都是海顿写的。

"哏儿都"天津的朋友都非常熟悉一段传统相声《拉洋片》，里面展现了当年天津拉洋片的表演方式，即一边展示图片一边演唱。尼古拉斯亲王的属地上也有"拉洋片"的，不过表演者基本上都是女性，这类表演者当时被称作"图释歌手"——一边展示画图，一边唱出解释的歌。或许有个别外来卖艺的"图释歌手"唱过其他人的创作，但亲王自己拥有的"图释歌手"唱的都是海顿写的歌。也就是说，除了交响曲和大歌剧之外，海顿还要写马戏表演配乐、木偶表演配乐、滑稽戏表演配乐，等等等等。更别说一旦亲王兴之所至，还会随时让海顿即兴表演。

亲王府上几乎天天宾客如云，来的还都是贵宾。每一位贵宾莅临，都得按"标配"周到接待一番，故而海顿几乎是天天在创作新作品。海顿在"亲王府"的日子虽不会再为五斗米折腰，可过得一点儿也不悠闲。

　　这样繁忙的创作任务虽然可以让海顿留下数不胜数的作品，但相信大家都能理解，这些作品不可能部部都是精品。海顿的作品，特别是交响曲，在聆听感受上总是把高贵与平凡、严肃与嬉闹交织在一起，这也是海顿的创作环境造成的。即使这样，海顿作品中的佳作比例也是很高的。不过多数乐迷还是认为海顿的作品虽然亲切动听，但里面似乎总少了他自己的真情实感。

　　真是这样吗？

　　我们不妨来听听海顿完成于 1772 年的《e 小调第四十四交响曲》，海顿自己给这部交响曲起了"悼念"的标题。不仅是因为整部作品几乎都弥漫着哀婉悲伤的情绪，更因为海顿亲口表示，希望将来在自己的葬礼上演奏这部交响曲的"柔板"乐章，这让《悼念交响曲》在海顿的众多交响曲中，显得非常与众不同。

　　在创作《悼念交响曲》之前，海顿很少用小调写交响曲。对海顿来说，创作音乐时一定要考虑到亲王的要求，所以，写出的音乐基本上都得是"喜洋洋"的，可《悼念交响曲》却让我们听到了那个隐藏在"乐天派"面容背后的海顿。

　　海顿的心里到底有什么挥不去的哀愁，以至于在不惑之年就开始着手给自己写葬礼音乐？

　　海顿在生活中最大的不幸当属娶了一位"恶妻"。1760年 11 月 26 日，时年二十八岁的海顿结婚，当时他还在莫尔岑公爵那里任职，本以为成家可以让自己喜上加喜，没想到刚结婚，公爵就解散了乐队。

虽然海顿找到了更好的雇主，但似乎也预示着海顿的太太不会给他幸福。

海顿本来相中的不是后来娶进门的太太，而是太太的妹妹。

海顿的岳父名叫凯勒，是维也纳的一位理发师。凯勒先生有两个女儿，海顿曾是凯勒家小女儿的钢琴教师。海顿爱上了自己的学生，谁知在凯勒家的千金心中，最大的志向是把生命全部交给上帝。结果，海顿的心上人去修道院做了修女。凯勒先生却不肯放过海顿这位好女婿，就把大女儿许配给了海顿。

《聊斋志异》中有一段《姐妹易嫁》，海顿则上演了真实版，只不过情节颠倒了过来，但海顿娶回家的姐姐倒是跟《聊斋志异》中的姐姐一样不贤惠。

海顿的太太当时已经三十一岁，比海顿大了三岁，这倒不算什么，问题是她根本就不在乎海顿，而且还挥金如土。虽然海顿在亲王家的酬金不菲，可也架不住太太天天乱花钱——据说海顿的太太也信奉上帝，经常邀请各式各样的牧师来家里做客，还总用海顿的钱做慈善，海顿只好背着太太藏些私房钱。

有一张非常有名的漫画：海顿的太太正在烫头，用来测试火钳热度的是海顿的乐谱手稿——"交响曲之父"的珍贵手稿就这样被随便破坏，更别说每天让这位恶妻随便丢弃的那些手稿。漫画中的海顿则是一脸无奈，他对太太的行为也曾做过"海顿式"的反抗：太太嫌弃他没有好的家当，家里连张名画都没有，海顿就让太太把自己的手稿装裱好挂在墙上，因为手稿跟名画一样值钱。

虽然"家庭没温暖"，好在海顿还有一份比较有前途的工作，海顿只能一心扑在事业上。

海顿一直非常渴望能有自己的孩子，不过我们也可以想象，以他和太太之间的感情，这很难……在海顿正式成为乐队队长之后，他开始把自己的队员叫作"孩子们"。

海顿曾有过红颜知己，但大都没有形成事实，因为海顿的太太虽然觉得海顿"无所谓"，可还是把海顿管得挺严。更重要的是，海顿在亲王府每天繁忙的工作也不允许他有过多的闲暇时间。海顿的太太还非常长寿，直到 1800 年才去世，那时海顿已经六十八岁了。

海顿能"抱紧"的唯有音乐了。

《悼念交响曲》是海顿写下的最诚实的音乐之一，在这部交响曲的前三个乐章中，每一个音符都带着"淡淡的哀伤"。海顿还把小步舞曲提前到第二乐章，第三乐章就是他为自己写的"葬礼音乐"，一段哀婉动听的柔板。

海顿曾说过："唯有动听的曲调才是音乐的魅力，最难创造的也是曲调，动听的旋律只有天才能写。"这句话可以

奥菲斯室内乐团版

看作是海顿的"创作秘籍"。

《悼念交响曲》的柔板乐章就是天才之作，因为它既动听，又耐听，海顿在这里不仅流露出心底的万种柔情，更用音乐表达着自己的无奈。这份无奈不仅是因为自己不幸的感情生活，还有他自己在亲王府中的处境。海顿虽"贵"为乐队长，亲王对他也是厚爱有加，但毕竟只是仆从。

所以，在用三个乐章的篇幅好好地抒了一把心底的真实感情之后，《悼念交响曲》的第四乐章还是以快速的急板结束，估计海顿担心"老板"会不高兴，给了《悼念交响曲》一个"光明"的尾声。

不设指挥的奥菲斯室内乐团共有二十六位乐手，这个编制跟海顿当年的乐队编制一致。正因为这样，他们曾在DG唱片公司录制过不少出色的海顿交响曲专辑。《悼念交响曲》录制于1985年，同时录制的还有海顿的《第七十七交响曲》。这也是我购买的第一张奥菲斯室内乐团的专辑，一听钟情。

第三乐章

别样的"请假申请"

《告别交响曲》

2009 年，为纪念海顿逝世 200 周年，一年一度的维也纳新年音乐会上特别安排演奏了海顿的《告别交响曲》。因为时间有限，只演奏了《告别交响曲》的最后一个乐章，也是最有看点的一个乐章。

舞台上的乐手在演奏完自己的部分之后，陆陆续续地拿着乐器离场，指挥家巴伦博伊姆看上去无可奈何，只好安抚还留在台上的乐手，可是台上的演奏家还是越来越少，最后只剩指挥一人……

演奏的过程中，观众席不时发出笑声，最后的时候更是笑声、掌声连成一片，现场的情绪可以说非常欢乐。

海顿写于 1772 年的《告别交响曲》确实有这样一个独特的乐章，当年首演时乐手们的现场表现也跟新年音乐会上的差不多：在演奏完自己的乐段之后，抱着乐器离场。可是如果你把《告别交响曲》简单地理解为一部仅靠行为艺术的表演形式营造出单纯的欢乐氛围的交响曲，那就曲解了海顿的创作本意。

与维也纳新年音乐会上的欢乐观感完全不同，《告别交响曲》其实是一部带着一些不安，甚至还有一些哀愁情绪的作品。

我们还是回到 1772 年。那时尼古拉斯亲王理想中的、属于自己的"凡尔赛宫"正在按部就班地施工，其中的夏日行宫已修建完成，但是配套设施尚不完善，所以，陪同亲王去夏宫避暑的随行人员只能"择优入选"。因为必须要时时刻刻准备为亲王演奏，所以乐队的全体成员都必须陪同亲王前往，这看起来似乎很幸运，实则不然。

因为人数的限制，乐队成员中只有海顿可以携带家眷，其他成员只能独自前往。也就是说，必须跟家属分离将近半年，还不能请"探亲假"。

"雪上加霜"的是，大概是海顿为亲王新写的音乐太出色，再加上滑稽表演又太精彩，反正亲王是"乐不思蜀"，宣布再延长两个月的避暑时间。

这下子，乐手们开始受不了了。他们纷纷找队长海顿诉苦，请求海顿向亲王转达他们迫切需要回家的心情。

虽然海顿可以携带家眷，可是他家中的那位夫人也不会给他什么安慰。所以，海顿也想回去看看。可是，跟亲王当面直接陈诉这份请求显然是下策，因为雇主的心思实在是不好拿捏，况且他正在兴头上，肯定也不会答应。

海顿决定赶写一部新的交响曲，借这部交响曲来陈诉队员们的思乡之情。很快，他就完成了《升 f 小调第四十五交响曲》，也就是《告别交响曲》。

上一部海顿的《悼念交响曲》是 e 小调，现在又用了升 f 小调，连续两次用小调来创作交响曲，这在以往海顿的创作中尚无先例。

《告别交响曲》第一乐章是"活泼的快板"，但开始时那急切的旋律表明了乐手的真实情绪，很明显可以听出音乐中的渴望之情。

第二乐章"柔板"则抒情到了近似于"呜咽"的程度，音色委婉低回，但却非常动听，海顿在这里表达的是恳求，不是痛哭。

在典雅的第三乐章"小步舞曲"之后，《告别交响曲》的关键乐章来了。

第四乐章有着美妙的旋律，但更让人难忘的是它的表演方式：每位乐手完成自己的乐段之后就抱着乐器离场，离场前还不忘熄灭谱架旁的蜡烛。

那个年代爱迪生还没有出生，照明还得用蜡烛，相比之下，2009 年新年音乐会上的演出就显得太现代了。《告别交响曲》的首演现场，乐手熄灭蜡烛离场的方式现在想想都是很"浪漫"的。

亲王正沉浸在音乐之中，乐手却陆陆续续给了亲王"大惊喜"，连海顿都熄灭蜡烛下场了，台上只有乐队中的"明星"选手——小提琴家路易吉·多马基尼孤零零地演奏着小提琴……

最后，多马基尼前面的蜡烛也熄灭了。

《告别交响曲》全曲终了，舞台上一片静寂、黑暗。

亲王似乎明白了什么……

《告别交响曲》首演的那天深夜，亲王将海顿单独叫到自己的房间，说："既然大家都离开了，那我也离开吧。"——就这样，海顿苦心创作的"请假申请"得到了亲王的批准。

所以，如果从《告别交响曲》中只看到了"噱头"而没有听出海顿的"弦外之音"，那真的是枉费了海顿当年的苦心。

《告别交响曲》的唱片比较多，其中 DG 出品的奥菲斯室内乐团演奏的版本是我个人最喜欢的，而且专辑的封面照片非常形象地表现了《告别交响曲》的演奏特色——匆匆离去的乐手，散落一地的乐谱，十分传神。

英国作曲家本杰明·布里顿指挥爱丁堡音乐节乐队的现场版虽是 1956 年的单声道录音，却也是不可不听的经典演绎，这版《告别交响曲》可能是最早的名家指挥的现场版本了。

唱片中还有海顿的《第五十五交响曲》和莫扎特的《第十二
钢琴协奏曲》，由布里顿演奏钢琴并指挥。

奥菲斯室内乐团版　　　　布里顿爱丁堡音乐节现场版

　　2008 年，德国的 ECM 唱片公司出版了慕尼黑室内乐团
演奏的《告别交响曲》，担任指挥的是亚历山大·莱博利奇，
专辑里的另外两部曲目分别是海顿的《第三十九交响曲》和
当代音乐家尹伊桑的《第一室内交响曲》，之所以这样组合
是因为这三部作品的配器都使用了两支双簧管、四把圆号，
以及弦乐队。慕尼黑室内乐团的演奏相当精彩，海顿的作品
颇有本真风格的流畅。尹伊桑的作品创作于 1987 年，他的
作品算是 20 世纪的 "严肃音乐" 作品中较具可听性的，但
跟海顿的作品相比，是两种不同的听觉感受。ECM 一向是
颇有个性的唱片公司，将两个不同时代音乐人的交响曲放在
一张唱片里也算是这种个性的体现。

ECM慕尼黑室内乐团版　　　　　宴席乐团古乐版

　　虽说上面提到的奥菲斯室内乐团、慕尼黑室内乐团的《告别交响曲》都是具备本真风格的演绎，但还是要再推荐一个纯粹的本真风格的演奏版本，就是布鲁诺·威尔指挥加拿大宴席乐团在 Sony 唱片公司录制的《告别交响曲》，唱片中还包括海顿的《B 大调第四十六交响曲》和《G 大调第四十七交响曲》。宴席乐团在 Sony 录制过不少海顿的交响曲，都非常值得一听。

第四乐章
KUKO

海顿与女王

《女王交响曲》

　　"当我想听好歌剧的时候，我就去埃斯特哈兹行宫。"这句话出自有"欧洲武则天"之称的玛利亚·特蕾莎女王。

　　能写出女王口中"好歌剧"的自然是拥有埃斯特哈兹行宫的尼古拉斯亲王的宫廷乐长——海顿了。

　　1773 年的某一天，女王又去了埃斯特哈兹行宫度假。这一次，除了好歌剧之外，她还听到了一部海顿"新写"的交响曲，非常喜欢，特别是音乐中自然流露出的辉煌气势深得女王的青睐。后来，海顿的这部《C 大调第四十八交响曲》就被称为《玛利亚·特蕾莎交响曲》，也就是《女王交响曲》。

　　更有意思的是，据说那次为女王演奏的时候，海顿和他的乐队队员都身着中国式的服装，音乐会的主题就叫"中国风音乐专场"。也就是说《女王交响曲》最初是以"中国风格"

向女王展示的。

　　没有任何证据表明玛利亚·特蕾莎女王或是尼古拉斯·埃斯特哈齐亲王到过中国，海顿被亲王"关"在王宫里专心创作，当时还没出过远门。只能说在 18 世纪的欧洲，"中国风"是最大的时尚，"中国风"就是那时的流量担当。

　　《女王交响曲》第一乐章由管乐器奏出的恢宏的主题，乍听下来，还真有点"中国风"的意思，对从未到过中国的海顿来说，可能中国风格就是他写出的这样。

　　其实，海顿早在 1769 年就完成了这部《女王交响曲》，女王也不是在埃斯特哈兹行宫里第一次听到这部她心仪的作品，而是在去普莱斯堡（也就是现在的布拉迪斯拉发）访问时听到的，可是没有证据表明海顿和他的乐队曾跟随女王出访。不过，女王什么时候听到这部作品并不重要，重要的是这部作品让这位治理朝政很有一套的铁腕女王不仅名垂欧洲历史，更在音乐史上也留下了一笔。

　　玛利亚·特蕾莎女王和海顿可以说是颇有些特殊的缘分。还记得当初十七岁的海顿曾被圣史蒂芬教堂唱诗班除名的往事吗？造成海顿失业的众多因素之中，女王玛利亚·特蕾莎曾说过这样的话："海顿再也唱不上去美妙的高音了，他现在唱得好像是乌鸦叫。"这句话对当时海顿的处境来说，是非常致命的。

在女王对海顿给予"差评"之前，海顿也曾"有幸"受到过女王的"修理"。

海顿和小伙伴们经常去女王的家：美泉宫。

说好听点是去做客，实际上就是去御前表演。

有一次，赶上了美泉宫正在装修，海顿这帮孩子们看见工地上的脚手架，忍不住去爬，玩得很嗨。海顿带头爬到了脚手架的顶端，正好和走到窗前准备制止他们的女王打了个照面。

被气坏了的女王告诉唱诗班的"掌门"乔治·莱特："去，好好教训一下那个当头儿的，就是那个'黄头发的榆木疙瘩'。"乔治·莱特本来就瞧海顿不顺眼，再加上女王刚刚给他封了爵，正好可以好好报答一下圣上的隆恩。

"黄头发的榆木疙瘩"自然要皮肉受苦。

在挨这顿打之前，海顿在唱诗班的地位早已岌岌可危，威胁他的却是他自己的弟弟米夏尔·海顿。

米夏尔·海顿比哥哥晚几年进了圣史蒂芬教堂唱诗班，美妙的歌喉跟哥哥相比是有过之而无不及，很快，弟弟就顶替了哥哥的位置。据说还是这位玛利亚·特蕾莎女王，在听过米夏尔的歌唱之后，赞赏有加之外还给了米夏尔一个"大红包"——据说是 20 个金币。

哥哥从女王那里得到的是"好好教训一下"，弟弟却得到了大红包，海顿的心理活动我们虽然无法完全知晓，但也可以体会到那份无奈。

海顿历经了差不多十年的打拼，终于成为埃斯特哈齐的宫廷乐队队长，亲王家的众多贵宾中竟然出现了女王的身影，不知道海顿在指挥乐队为女王演奏《女王交响曲》的时候，是怎样的心情？

观看的女王是否也曾在瞬间知晓：这个经常写出精彩非凡的歌剧、美妙动听的交响曲的乐队队长就是当年自己口中的那个"黄头发的榆木疙瘩"？

身为公爵高级仆从的海顿是不可能当面向女王提意见的，他也根本不可能专门写一部调侃式的作品来讽刺一下女王，因为他创作的时候根本想不到前来聆听的贵宾是那个昔日瞧不上自己的女王。

说来也巧，玛利亚·特蕾莎还跟莫扎特见过面，那时莫扎特正值音乐神童的年纪，女王对待莫扎特的态度可是跟对待海顿有着天壤之别。话说在1762年10月13日，八岁的莫扎特随着父亲和姐姐受到了女王的召见，据莫扎特的传记作者日后描述：当莫扎特不小心滑倒在地时，女王曾爱怜地让他坐在自己的膝盖上，这可是女王难得的温情时刻。

那么真的是女王非常喜欢神童莫扎特吗？在接见莫扎特九年后的1771年，女王给在米兰的三儿子写了一封信，当时，

女王的三子、托斯卡纳公爵准
备聘用莫扎特，玛利亚·特蕾
莎女王特意在信中对儿子说：
"这帮家伙就是在世界各地到
处混的流浪汉，我真不理解你
为什么需要像作曲家这样毫无
用处的人？"

Naxos版

　　写给儿子的自然是最真
实、最体贴的私房话，这才是"欧洲武则天"看待音乐人的
真实态度，抱起莫扎特只是她的"鳄鱼的眼泪"。

　　Naxos 唱片公司 1990 年发行的海顿交响曲专辑的封面就
是玛利亚·特蕾莎女王的画像，唱片除收录《女王交响曲》之
外，还有《告别交响曲》和《降 B 大调第一〇二交响曲》。由
布拉迪斯拉发室内乐团演奏，巴瑞·沃德沃茨指挥。布拉迪斯
拉发室内乐团成立于1983年,由斯洛伐克爱乐乐团的成员组成,
是 Naxos 唱片公司较早签下的实力派乐团。

第一乐章

交响曲？组曲？戏剧配乐？

《c大调第六十交响曲》

最初，交响曲并不是现在我们习惯听到的四个乐章的格式，甚至连演奏的方式都是五花八门，巴赫就写过只用一架羽管键琴演奏的交响曲，可见最早交响曲只是一种相对随便的叫法，跟"随想曲""回旋曲"什么的没有不同。后来，人们把歌剧或大型声乐作品中的管弦乐队演奏的音乐片段称为交响曲，有时交响曲作为序曲出现，有时则是在幕间演奏的间奏曲，比如亨德尔的大型清唱剧《弥赛亚》中的《田园交响曲》，虽和后来贝多芬的《田园交响曲》同名，但亨德尔的《田园交响曲》只是一段演奏时间不长的间奏曲。再后来，交响曲逐渐演变为三个乐章、由乐队演奏的作品。海顿虽被尊称为"交响曲之父"，但他并不是史上第一部交响曲的创作人。他的贡献在于确立和完善了交响曲的格式，交响曲由四个乐章构成的这个"法则"就是海顿在创作过程中慢慢形成的。早年间，交响曲并没有固定的"法则"，包括"交响曲之父"本人都不会恪守"四乐章"的格式，海顿很多早期的交响曲并不都是四个乐章，《C大调第六十交响曲》甚至由六个乐章组成。这部交响曲有一个很有意思的标题——"神思恍惚的人"，也可叫作"心不在焉"。

《神思恍惚的人》最初是一部戏剧配乐，是海顿为法国剧作家勒尼亚尔创作的戏剧《心不在焉》的德文版专门创作的。在戏剧首演成功之后，《C大调第六十交响曲》于1774年圣塞西利亚节期间首演，同样大受好评。这部作品放到现在只能叫组曲，因为它是海顿根据戏剧配乐整理的，但在当年就可以叫交响曲。

《C大调第六十交响曲》用音乐描述了一位"神思恍惚的人"，他是一位健忘症患者，甚至在结婚的当天忘了自己就是新郎，只能在新郎礼服的领结上再弄一个结来不时地提醒自己。《神思恍惚的人》的六个乐章几乎全部是民间小调，堪称一部"民间音乐集"。第二乐章是法兰西古风，第四乐章是匈牙利风情，第五乐章类似于格里高利素歌，最后一个乐章是海顿非常钟爱的巴尔干民间乐曲，海顿曾在自己的作品中多次选用这段曲调。

跟创作交响曲相比，"交响曲之父"海顿自己却更乐意写歌剧，他甚至认为自己的歌剧才是真正可以传世的经典。创作戏剧配乐对海顿来说，也是非常愿意完成的"订单"，他甚至对于当时流行的、现在看来纯属游戏之作的滑稽木偶戏的唱段和配乐也非常热衷。海顿创作的大量歌剧保留到今天的大概是二十部左右，但几乎没有一部是当今任何一家歌剧院的保留剧目，至于那些戏剧配乐，更是被大量的演奏家"视而不见"。《神思恍惚的人》的原版戏剧早已是过眼云烟，海顿非常重视的配乐如果不是当年由他亲手整理成交响曲，估计也难逃被遗忘的命运，这可是海顿万万没想到的。

　　除了《神思恍惚的人》，海顿的《C大调第六十三交响曲》也是根据戏剧配乐改编整理而成，原本是海顿为了法国剧作家法瓦的《三个苏丹后妃》的德文版写的配乐，于1777年在埃斯特哈齐亲王府内的剧院首演。《C大调第六十三交响曲》的标题是"罗克索兰妮"，是原剧作剧中人的名字。这部交响曲也是海顿的歌剧音乐精华，因为第一乐章实际上就是海顿创作的歌剧《世外桃源》的序曲，几乎没做什么改动。写《世外桃源》时，海顿用了一个庞大的乐队编制：除最基本的弦乐队外，还有两支双簧管、两支低音大管、两支圆号、两支小号及定音鼓。后来在改写成《C大调第六十三交响曲》时，海顿取消了小号和定音鼓，同时取消了一支低音大管，但又加了一支长笛。可是后来海顿又一次改写了配器，恢复了低音大管，可见当时海顿对于交响曲的创作还处于"混乱"阶段，会不时地根据"市场反映"来校改自己的作品。

由于这些交响曲均拥有不同的海顿手稿，所以对现在的音乐家来说，选择什么样的版本进行演奏、录音也是很讲究的艺术审美。下面简单聊几张我个人收藏的这两部"戏剧配乐"风格的交响曲唱片：

西蒙·拉特尔的盛名跟他对伯明翰市立交响乐团的提升密不可分，一支普通的乐团经他的努力跻身一流乐团。1990年底，他与伯明翰市立交响乐团在 EMI 唱片公司录制了三部海顿的交响曲，分别为《神思恍惚的人》《D 大调第七十交响曲》和《C 大调第九十交响曲》。西蒙·拉特尔可能是较早在封面上露出亲切笑容的指挥家，这也标志着上一代"帝王"级别指挥家的落幕，如今是"亲民"指挥家的时代。当然，这张唱片封面选择微笑的西蒙·拉特尔也跟这三部交响曲的情绪有关。这张唱片的演绎风格非常流畅，颇有本真演绎的神韵。唯一遗憾的是录音，音色不够透亮，有些"雾里看花"之感。

在西蒙·拉特尔的录

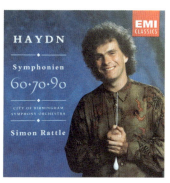

拉特尔EMI版

音发行一年多之后，以廉价著称的 Naxos 唱片公司发行了尼古拉斯·瓦德和英国北方室内乐团演奏的《神思恍惚的人》，唱片中还包括海顿的《降 E 大调第二十二交响曲》和《E 大调第二十九交响曲》，也是非常漂亮的制作。尼古拉斯·瓦德和英国北方室内乐团在同一时间还录制了《C 大调第六十三交响曲》，跟《C 大调第三十交响曲》和《C 大调第五十五交响曲》组成了另一张唱片。这张唱片之所以选择这三部交响曲，一是因为都是 C 大调，二来则是这三部作品都有标题，"六十三"的标题是"罗克索兰妮"，"三十"的标题是"阿里路亚"，"五十五"则是"校长"。

奥菲斯室内乐团在 DG 录制的《C 大调第六十三交响曲》的唱片封面非常别致，专辑中还包括海顿的《降 E 大调第二十二交响曲》和《d 小调第八十交响曲》。他们选择的是《C

Naxos 版①   Naxos 版②

大调第六十三交响曲》的第
二个版本，录制于 1989 年。
在本真演奏风格完全兴盛之
前，奥菲斯室内乐团的海顿
就是最具本真仿古风格的演
绎。

奥菲斯室内乐团版

　　乔瓦尼·安东尼尼和他
的和谐花园古乐团演奏的
《神思恍惚的人》则是 Alpha 唱片公司"海顿 2032"系列
唱片的第四辑，唱片上还有海顿的《D 大调第七十交响曲》
和《E 大调第十二交响曲》。这个本真演绎恪守海顿时期的
演奏准则，尽管《神思恍惚的人》更像是一部交响组曲，但
乔瓦尼·安东尼尼还是演奏了所有的反复。"海顿 2032"

和谐花园古乐团版

的第八辑则收录了乔瓦尼·安东尼尼指挥和谐花园古乐团演奏的《C大调第六十三交响曲》和《降E大调第四十三交响曲》《A大调第二十八交响曲》，同时还收录了同一乐团演奏的20世纪匈牙利音乐家贝拉·巴托克的《罗马尼亚民间舞曲》，这样的"对比"不仅曲目安排别致，而且也可以让我们了解20世纪的音乐家与18世纪的海顿在音乐素材选择上的共通之处。

第六乐章

KUKE

海顿与王后

《王后交响曲》

1783 年夏天，海顿给一位法国的出版商写信，在信中推销自己的作品："我去年写了三部优美动听且篇幅不长的交响曲……"

不过，很快海顿就无须再向出版商做这样的自我推销了，因为他接到了法国多尼伯爵的约稿。在 1785 年至 1786 年间，海顿为巴黎的著名音乐组织——奥林匹克音乐协会创作了六部交响曲，这个协会的赞助人就是多尼伯爵，当时伯爵只有二十多岁。

多尼伯爵的全名叫克劳德·弗朗索瓦·玛丽·雷戈利，他的父亲是奥林匹克馆音乐协会的前身——业余爱好者乐团的主要赞助人，他当然也跟父亲一样是个音乐爱好者。多尼伯爵邀请海顿创作交响曲的报酬是每部五百法郎，这是海顿第一次凭借交响曲的创作拿到工资之外的创作费用。

　　海顿如期交稿，写出了序号为"第八十二"到"第八十七"的六部交响曲，这六部交响曲今天被统称为《巴黎交响曲》。《巴黎交响曲》是海顿创作生涯中的关键作品，海顿在有意或无意间改变了交响曲的发展历程，也奠定了自己日后被誉为"交响曲之父"的基础。

　　六部《巴黎交响曲》较之海顿之前的数十首交响曲的创作形式有巨大飞跃，这里面还有一个重要原因：当时巴黎的交响乐队的编制是欧洲之冠，比德国或任何一个欧洲国度的宫廷乐队的编制都要庞大许多。奥林匹克音乐协会更是号称拥有全法国最出色的音乐爱好者，仅小提琴手就有四十位，还有十位低音提琴手，这已经是现代交响乐队的弦乐组的规模了。

　　这六首交响曲从首演之日起就成为颇受欢迎的作品，至今仍是演出频率极高的作品。六部《巴黎交响曲》中，有三部拥有别样的标题：《C大调第八十二交响曲》被称为《狗熊交响曲》，《g小调第八十三交响曲》被称《母鸡交响曲》，《降B大调第八十五交响曲》则被称作《王后交响曲》。其中"狗熊"和"母鸡"这两个诨名概括了人们在听了音乐之后的听觉感受，《第八十二交响曲》的第四乐章开始部分的低音声部让人联想到了狗熊的吼叫，《第八十三交响曲》第一乐章的第二主题使人联想到母鸡的啼叫，因此有了"狗熊"

和"母鸡"的名字，出版商也觉得这样的名字可以让这些作品更畅销，所以就一直流传到现在。

不过，所谓的"狗熊"和"母鸡"，跟海顿的作品完全无关，海顿也不是因为"狗熊"和"母鸡"而有的创作灵感。可是《第八十五交响曲》却真的跟王后有关，《王后交响曲》的叫法真的事出有因：这部交响曲在当时深受法国玛丽王后的青睐，出版商看准时机，给这部作品命名为"王后"。

喜欢这部交响曲的法国王后玛丽·安托瓦内特就是玛利亚·特蕾莎女王的小女儿，她的丈夫就是鼎鼎大名的路易十六国王。当年海顿曾因特蕾莎女王而写下了《女王交响曲》，他自己可能也想不到，他还会为女王的小女儿写一部《王后交响曲》。

《王后交响曲》第一乐章的主题非常近似于《告别交响曲》第一乐章的主题，不知道海顿在创作的时候是不是又想起了当年的往事，还是他心中的那份带着淡淡忧伤的牵挂之情在创作时又从心底涌了出来，但这带着一丝不安的旋律倒完全预示了玛丽王后的悲剧结局。

《王后交响曲》的第二乐章引用了一首古老的法国歌曲《文雅的少女利塞特》的旋律，第三乐章"小步舞曲"写得也十分符合法兰西听众的口味，不仅王后喜欢，法国的评论人也对这部作品赞誉有加，《王后交响曲》被公认是融优雅、睿智、温馨于一炉的非凡之作。

玛丽·安托瓦内特王后在童年时曾跟莫扎特有过一段"缘"，还记得《女王交响曲》的那篇文章中提到，在 1762 年，八岁的莫扎特随着父亲和姐姐受到了玛利亚·特蕾莎女王召见的往事吗？当莫扎特不小心滑倒在地时，女王曾爱怜地让小莫扎特坐在自己的膝盖上，将莫扎特扶起来的就是年幼的玛丽公主。八岁的莫扎特公开向玛丽公主说："等你长大了，我要娶你。"——这是音乐史上一直被津津乐道的莫扎特的"爱情往事"之一。

但长大的玛丽公主并没有嫁给莫扎特，而是成了法国王后。虽然跟她的母亲特蕾莎女王一样，玛丽王后也是标准的女强人，但却无法逃脱走上断头台的命运。嫁给莫扎特可能会过清贫日子，嫁给国王却要掉脑袋。玛丽王后的际遇成了日后众多艺术作品热衷于表现的题材，很多音乐家都以玛丽王后为主角写过不少作品，但只有海顿为"女王"和"王后"都写过交响曲。玛丽王后在 1793 年 10 月 16 日被处死，那时莫扎特已去世近两年，海顿则即将开始自己的第二次伦敦之行，晚年的海顿迎来了自己人生中最受尊敬的日子。

2002 年，指挥家尼克劳斯·哈农库特与他的"亲兵"维也纳古乐合奏团在 DHM 唱片公司录制了全部六首《巴黎交响曲》，这支乐队是哈农库特和夫人在 1953 年创立的乐团，是公认的本真演奏先驱级乐团。哈农库特指挥下的《巴黎交

 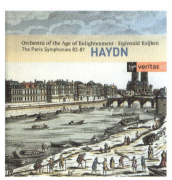

哈农库特版　　　　　　　　库伊肯版

响曲》依旧注重各个声部的细节挖掘，音色上跟日后的本真乐团相比显得厚重了一些。但是，奥地利的指挥加维也纳的乐团演奏的海顿，对乐迷来说是最"原汁原味"的选择。

　　另一位古乐名家希吉斯瓦德·库伊肯和启蒙时代古乐团合作的六部《巴黎交响曲》则在演奏速度上较之哈农库特显得快了一些，我更加喜欢他们的流畅清晰。这个全集后来被Virgin唱片公司制成廉价小双张发行，是非常超值的选择。无论是库伊肯版还是哈农库特版，这两套唱片的封面设计都非常别致，看上去就令人爱不释手。

第一乐章

动听可爱 作者成谜

《玩具交响曲》

　　不知道是从什么时候开始的，听交响曲成了一种非常高贵，甚至神圣的行为，音乐厅里的规矩越来越多，谁在乐章之间鼓掌就是犯了大错，更别说发出声音。

　　想当初，可不是这样。

　　莫扎特给父亲的信中曾写过：第二乐章演奏结束之后的掌声明显比第一乐章结束后的掌声更热烈。可见那时乐章之间不仅可以随便鼓掌，而且作曲家还会特别留意观众在乐章之间的反应。

　　这种"观众至上"的态度让那时的作曲家都乐于创作极具现场效果同时又可听性极强的音乐作品。音乐史上最好玩的交响曲当属大约在 1768 年问世的《玩具交响曲》。

　　顾名思义，这部交响曲的主角是玩具。

在弦乐队的伴奏下，各式各样的玩具陆续登场，大致包括：玩具小军鼓、拨浪鼓、玩具夜莺、玩具布谷鸟、玩具小号、玩具小风琴、玩具小鹌鹑，等等等等。

看来 18 世纪的玩具制造业非常发达，如果当初首演时的那些用过的玩具留到今天，肯定是价值不菲的文物了。

这些玩具配合乐队的演奏，为《玩具交响曲》营造出了欢快热烈的情绪，你能想象当年这部作品在演出的时候，台下观众会正襟危坐、严肃安静吗？

孩子们的笑声、大人们的掌声一定会让现场嗨翻天的！

但是，这部让人开心、好看又好玩的交响曲到底是谁写的却一直是个谜。

很长一段时间，《玩具交响曲》被公认为是海顿写的，至少从问世到 1909 年一直如此。

1909 年是海顿去世 100 周年，那年在英国出版的海顿的传记中明确把《玩具交响曲》看作是海顿写出的最有意思的作品。

不过，现在的结论是，这部作品是莫扎特的父亲利奥波德写的，时间是 1780 年左右，是为当时的某家玩具店特别创作的，最初也不是只有三个乐章的"意大利式交响曲"，而是由七个乐章构成的《由玩具和弦乐队演奏的嬉游曲》。

老莫扎特当年曾写过一部很有趣的《农夫的婚礼》交响

曲，里面用上了风笛和手摇风琴。很多人因此认为，既然老莫扎特能写有意思的《农夫的婚礼》，就很可能写出《玩具交响曲》。

还有一种观点认为，老莫扎特确实写了《玩具交响曲》，但整部作品中的某些乐章是海顿的弟弟、作曲家米夏尔·海顿写的。

更加"离谱"的说法是，海顿、老莫扎特、海顿的弟弟都不是《玩具交响曲》的真正作者，这部有趣的交响曲出自一位叫埃德蒙德·安格勒的奥地利本笃会的僧侣！

这位埃德蒙德还被认作是音乐史上另一段非常有趣的《猫的二重唱》的真正作者，《猫的二重唱》普遍被视作是意大利作曲家罗西尼的佳作。《玩具交响曲》《猫的二重唱》，都是可爱至极的音乐。如果作者真的是埃德蒙德·安格勒的话，那么他一定是一位非常有趣的僧侣。

在众多的作者之中，现在的普遍看法是《玩具交响曲》是老莫扎特写的。之所以被误认为海顿，很有可能是老莫扎特在发表《玩具交响曲》的时候把作者的名字写成了海顿，这也是当年的"习俗"——无名的音乐家想让自己的作品受到关注，就把自己的作品标上名家之名。

但问题是，虽然海顿确实要比老莫扎特"红"一些，但"神童"莫扎特的父亲并非无名之辈，况且《玩具交响曲》是一部童趣十足的音乐，以"神童的父亲创作的适合小孩子聆听的交响曲"为卖点，这样不更有吸引力吗？

不过，吃过鸡蛋不需要认识下蛋的老母鸡，对普通乐迷来说，《玩具交响曲》到底出自谁的手笔其实根本不重要，我们最应该做的就是好好享受这可爱动听的音乐。至少《玩具交响曲》是最适合孩子们聆听的交响曲，相信如果允许，孩子们一定会飞奔上舞台，跟着演奏家一起"演奏"，因为这部作品的主奏乐器是孩子们心爱的玩具。

所以，就让孩子们好好玩吧，玩具也是乐器。

1780 年，昔日的"神童"莫扎特已经二十四岁了。看着自己的孩子从五岁起就成为"专业音乐人"，跟着自己东奔西跑，天天做公开表演，这样的日子虽然可以收获不少掌声和物质回报，孩子也热衷于此，但老莫扎特的内心一定还是会有一丝愧疚。

老莫扎特之所以写这部有趣又可爱的《玩具交响曲》，肯定不全是为了某家玩具店的委托，他的心中一定会有借《玩具交响曲》向儿子表达歉疚的想法，他希望这部作品能让一直没有童年的孩子从中听出一些爸爸的良苦用心。

虽然现在我们从莫扎特父子的通信中看不到文字证据，但我坚信老莫扎特在创作时内心一定是有爱的。《玩具交响曲》还有一点"隐藏在欢乐背后的忧伤"，在写完这部作品之后一年，老莫扎特就去世了。

莫扎特在孩提时代写的很多音乐不一定适合孩子来听，因为莫扎特虽然在年龄上还不大，但小莫扎特已经是一位成熟的音乐家了。老莫扎特笔下的《玩具交响曲》是最适合孩子们聆听的交响曲，音乐中自然流露出的天真童趣似乎只有孩子们才能完全投入欣赏，这也是老莫扎特在生命的最后时刻留给自己孩子的欢乐记忆。

在众多《玩具交响曲》的唱片版本中，有一个非常"出人意料"的录音：指挥大师阿尔图罗·托斯卡尼尼指挥 NBC 交响乐团在 1951 年的现场广播实况录音，由 RCA 唱片公司发行。大家都知道，托斯卡尼尼一向以外向火爆的脾气著称，很难想象一位如此严肃的指挥大师会指挥如此"轻量级"的"游戏之作"，但偏偏就有唱片为证。不过非常遗憾，早期的单声道录音实在无法捕捉到那些玩具乐器的音色，声音显得有些凌乱。《玩具交响曲》虽然通俗，但对录音的要求还是比较高，所以托斯卡尼尼的经典录音只能做参考资料。

还有一个让人听后流泪的《玩具交响曲》的版本——《玩具交响曲》当然是欢乐的作品，但这个演奏背后的故事却很催泪。著名的大提琴演奏家杰奎琳·杜普蕾成名时非常年轻，她的先生也是少年成名的音乐家丹尼尔·巴伦博伊姆，他们曾是令人艳羡的金童玉女。但是非常不幸，公认的大提琴天才少女杜普蕾在 1973 年身染重病，不得不提前告别舞台。她生命中最后一次现场演出是在 1976 年，在英国皇家阿尔伯特大厅，丹尼尔·巴伦博伊姆担任指挥，乐队演奏的正是《玩具交响曲》。杜普蕾坐在乐手席中，当然已无法演奏大提琴——这位天才少女艺术生命的最后一次表演，手中的乐器是玩具小鼓！对，就是《玩具交响曲》中那些孩子都可以演奏的玩具。在这次登台三年之后，杜普蕾留下了她生命中的最后一张唱片，内容是普罗科菲耶夫的交响音画《彼得与狼》，这一次她担任的是旁白朗诵。这张唱片的标题叫《杜普蕾讲音乐故事》，另一首曲目还是《玩具交响曲》，由巴伦博伊姆指挥英国室内乐团演奏。我们不清楚这版《玩具交响曲》的录音里演奏玩具小鼓的是不是也是杜普蕾，但了解了这段往事之后，再听这个录音，凡是杜普蕾的乐迷，都会心生无限感慨。

卡尔·明兴格尔之后斯图加特室内乐团在 Decca 公司录制的《玩具交响曲》则完全是欢乐的享受，这个经典录音后来被 Decca 收在《给孩子们的古典音乐》专辑里，是一个廉价版的小双张，物美价廉，可听性很强。

马里纳和他的圣马丁室内乐团在 Philips 唱片公司录制的则是七个乐章的《由玩具和弦乐队演奏的嬉游曲》，时间是 1985 年，专辑中还有莫扎特的《弦乐小夜曲》和帕赫贝尔的《D 大调卡农》，都是百听不厌又历久弥新的经典曲目。专辑封面也非常可爱，这是一张非常轻松俏皮的专辑。

　　尤里·图罗夫斯基和蒙特利尔音乐家乐团在 Chandos 唱片公司录制的《玩具交响曲》则多少有些令人失望。这张唱片的封面是一个玩具熊，主打曲目是图罗夫斯基改编的柴可夫斯基的《儿童专辑》的弦乐演奏版，《玩具交响曲》是唱片的最后曲目，本以为会听到欢乐的结尾，谁知 Chandos 一向"透亮"的录音在这张唱片里却没有听到，再加上蒙特利尔音乐家乐团的演绎又过于温文尔雅，所以没有期待中的精彩。

　　《玩具交响曲》还有一个非常独特的钢琴独奏改编版，来自塞浦路斯裔的钢琴名家希普林·卡萨利斯，这个独奏版由演奏家自己改编，并且由他自己拥有的唱片品牌"Piano21"发行。尽管卡萨利斯的钢琴独奏版并没有玩具登场，但一样可以听出音乐的俏皮之处，非常出色。除了《玩具交响曲》，专辑中还收录了莫扎特和莫扎特儿子的作品，可谓莫扎特一家"祖孙三代同台"。

第三乐章

KUKE

托斯卡尼尼历史录音版

杜普蕾版

明兴格尔版

马里纳版

Chandos版

钢琴改编版

请叫我"海顿博士"

《牛津交响曲》

啊，海顿大师，

欢迎您来到我们这个岛国。

对您的大名倾心许久，

您用音乐描绘了宏伟的地图，

愿您以正直的心灵

用您的天赋为全人类造福。

这段"欢迎词"特别敬献给约瑟夫·海顿，在 1791 年的新年第一天，海顿第一次登上英国的土地，受到热烈的欢迎。从这份措辞夸张的欢迎词中就可以看出，当时海顿的名字在伦敦可算得上"如雷贯耳"。

一个星期之后，海顿在伦敦写信给自己的友人，信中特别提到了他在伦敦的情况：

> 我的到来在整个伦敦引起了巨大的轰动，一连
> 三天，多家报纸大量刊登有关我的新闻。人人都想
> 认识我，为此我不得不在外面吃了六顿大餐。如果
> 我愿意，天天都有人请我吃大餐……

1791 年，海顿已经五十九岁，一年前，他的雇主尼古拉斯·埃斯特哈齐亲王去世，继任的亲王安东·埃斯特哈齐并不像父亲那样狂热地喜欢音乐，故而解散了乐队。不过，考虑到海顿多年来劳苦功高，新亲王还是为海顿保留了乐长的职务，同时年薪照付。这样一来，海顿就算是"带薪退休"了。

但此时的海顿已是声名显赫，即使他想安心待在埃斯特哈齐享受退休生活，估计众多的演出商也不会答应。约翰·彼得·萨勒蒙就是对海顿"垂涎许久"的一位音乐代理人，他本是德国人，但在伦敦取得了事业的成功。不过不是因为演奏事业——他是一位技艺不错的小提琴手 —— 而是以音乐经纪人的名声备受关注，他在伦敦还推出了用自己的名字命名的专题音乐会。一直想和海顿签下代理合约的萨勒蒙因为海顿的雇主仍在而未能得逞，现在海顿终于闲了下来，萨勒蒙再次敲开海顿的家门。海顿也正想去扩展一下自己的"朋

友圈"，两人一拍即合。当然，萨勒蒙给海顿开出的条件也
让海顿无法拒绝：每写一部新作品，即可得到三百英镑的稿
费，每演出一次再付版权费二百英镑，其他劳务费用另算，
差旅费全包，萨勒蒙还预先支付给海顿一个大红包——这当
然是见面礼。

　　海顿也想在有生之年见识一下英国的音乐圈，何况还有
这么优厚的报酬，所以，他和萨勒蒙在 1790 年 12 月 15 日
从维也纳出发，经波恩、布鲁塞尔、加莱等地，于 1791 年
元旦到达伦敦。

　　那时的英国对众多海外音乐家来说是最好的演出市场，
海顿自然也取得了非凡的成功。经过三个月的准备，1791 年
3 月 11 日，萨勒蒙主办的海顿作品音乐会在伦敦首演，大获
成功。萨勒蒙趁热打铁，为海顿谋得了一个非常显赫的社会
荣誉——牛津大学荣誉博士。

　　尽管只是荣誉博士，放在今天，估计只要有人开出价来，
欲购者就会纷至沓来。当年，这个荣誉博士称号的"售价"
并不算贵，可能只要一百英镑。但是在英国取得成功的音乐
家亨德尔就认为自己并不需要这个头衔，所以拒绝了牛津大
学的"报价"。萨勒蒙却认为这是一笔非常超值的好买卖，
牛津也乐得做这笔"生意"。

　　1791 年 7 月 7 日，海顿的"授衔仪式"在牛津大学举行，

据海顿的日记里"透露"：博士长袍都得海顿自己购买，海顿还雇了一位敲钟的伙计——在海顿接过荣誉博士证书的时候，这位雇员要及时敲响礼堂的钟声。

虽然一切都是自费，但这钱花得很值，从此，海顿正式成为"海顿博士"。

同样是海顿在给友人的信中写道：在获得荣誉博士之后的几天里，他无论出席什么样的场合，都穿着自己花钱买来的博士长袍，海顿认为这件袍子太傻了。可是我们千万别小瞧了这个"荣誉博士"，再怎么说，这也是牛津大学的博士。因为这个"博士"，海顿在回到埃斯特哈齐之后，安东亲王命令所有的雇员都要称海顿为"海顿博士"，连亲王自己都尊敬地叫他"海顿博士"。并且，经亲王特许，海顿从此可以和亲王"平起平坐"——以前，海顿再怎么受重视都仅是仆从，现在，因为海顿是"博士"，所以，可以和亲王坐着说话了。

在牛津大学为海顿举办的"授衔仪式"上，海顿指挥乐队演奏了自己的《G大调第九十二交响曲》，这次演出之后，这部交响曲就被叫作《牛津交响曲》。其实，《牛津交响曲》本来和牛津无关，因为海顿并不是专门为牛津大学写的，早在1789年，海顿就写好了《G大调第九十二交响曲》，这本是为巴黎的演出商们创作的。海顿到了伦敦之后，虽然写出了几部新的交响曲，但都已在"萨勒蒙音乐会"上演出过了，他实在没有精力与时间再写一部新的交响曲了，就用两年前的旧作顶替，"巴黎"因此成了"牛津"。

虽然并非专门为牛津而作，《牛津交响曲》还是成了非常经典的海顿交响曲之一，至今仍是上演率极高的交响音乐作品。大概是因为牛津的关系，《牛津交响曲》听来还真的有一种别样的书卷气，其实这种气质就是音乐本身的高格调和规范的格式，从容大度，让听众感觉娓娓道来。我个人认为，《牛津交响曲》是海顿最为严谨、完美的交响曲之一。

《牛津交响曲》的录音众多，我个人偏爱伦纳德·伯恩斯坦指挥维也纳爱乐乐团的版本，这是一个现场录音，由DG唱片公司录制于1984年。伯恩斯坦在晚年曾和维也纳爱乐乐团留下过众多优秀的现场录音，这是非常值得聆听的一版，唱片的封面设计虽有些彰显伯恩斯坦"偶像魅力"之嫌，但"偶像"的外在之下，伯恩斯坦是一位真正的艺术大师。由于他本人就是一位作曲家，因此，他要求自己在指挥时，要化身为作品的创作人。也就是说，指挥贝多芬，自己就是贝多芬；指挥马勒，自己就是马勒；指挥海顿，自己就是海顿。不少人认为，伯恩斯坦的这种自我要求实际上是不可实现的，因为你不可能既是马勒，又是贝多芬，既是西贝柳斯，又是海顿。但我却认为这恰恰是伯恩斯坦的可贵之处：虽知不可为而为之，自己绝不指挥自己不喜欢、没有感觉的作品。这是艺术家最大的真。即使这种"真"带着一定的，甚至绝对的主观性，但完全客观的演奏实际上是不存在的。维也纳爱乐乐团把伯恩斯坦亲切地叫作"我们的伦尼"，可见他们一直合作愉快。这张唱片的聆听感受是愉悦的，温暖、恬然、亲切、高雅、自然。

我一直认为，维也纳爱乐乐团是交响乐团里的"独孤求败"，而柏林爱乐乐团则是"西门吹雪"，至少就演绎德奥作曲家的交响音乐作品来说，他们都属于"天下无敌"级别的乐团。西蒙·拉特尔在担任柏林爱乐乐团首席指挥的时候，曾在EMI录制过海顿的《牛津交响曲》，这个"牛津"的演绎更加鲜活动听，看来指挥家的年龄对理解艺术作品还是有一定影响的。显然西蒙·拉特尔比伯恩斯坦年轻，

伯恩斯坦版

拉特尔EMI版

那份扑面而来的"青春气息"并不是因为他们指挥的乐队不同,但一样都是出色的演奏。除《牛津交响曲》之外,这套双唱片的专辑还收录了海顿的"第八十八"到"第九十一"等四部交响曲和《交响协奏曲》。

虽说现在欣赏海顿的交响曲,越来越倾向于本真古乐演奏,但《牛津交响曲》跟海顿早期的交响曲相比,本真古乐团的音色跟现代乐团的演奏并没有太大的差异。古乐名家希吉斯瓦德·库伊肯和他自己的"小乐队"——这支古乐团就叫"小乐队"——不过他们在 Virgin 唱片公司录制的《牛津交响曲》听上去却一点也不显"小",看来海顿的《牛津交响曲》的乐队编制已经很庞大了。库伊肯和"小乐队"的录音后来被制成廉价小双张发行,更加物美价廉。

同样的本真古乐演绎,弗朗茨·布鲁根与启蒙时代乐团在 Philips 的录音的音色则更加沉重,唱片内页的说明文字

库伊肯小乐队版　　　　布鲁根版

中详细列出了启蒙时代乐团的乐队阵容，是非常庞大的古乐团，音响上更具现代乐队的效果。唱片上还有海顿的《C大调第九十交响曲》和《降 E 大调第九十一交响曲》，都是非常出色的演奏。

第一乐章

"吓人"与"死亡"

《惊愕交响曲》

　　海顿的《G大调第九十四交响曲》有个非常有名的标题——"惊愕"。关于《惊愕交响曲》，一直流传着一个小故事。海顿的伦敦之行备受欢迎，但慕名前来观赏海顿作品音乐会的"贵宾"中不乏附庸风雅者，特别是那些贵妇人，总是会在音乐会上打瞌睡，海顿决定用音乐好好"教育"一下这些爱打盹儿的观众，为此创作了《G大调第九十四交响曲》。这部作品的首演现场，海顿的"音乐玩笑"果然得逞：交响曲的第一乐章还是传统的形式，海顿总爱给交响曲写一个舒缓的引子，然后是非常活泼的快板。海顿的"特别创意"出现在第二乐章，音乐开始也是平静的慢板，弦乐队奏出安静迷人的主题，果然，观众席里有人开始打瞌睡了。突然，出人意料的安排来了——乐队大声地奏出和弦，定音鼓猛地一击，把打瞌睡的人吓了一跳，一下子就醒过神来了——这就是"惊愕"的由来。

这个故事越传越神，《惊愕交响曲》也被描述得越来越"吓人"——由把打瞌睡的观众"吓了一跳"发展到乐队的演奏让打瞌睡的观众大声呼救，甚至有人被吓得跑出了音乐厅。这种说法至今还让一些特意"慕名"聆听《惊愕交响曲》的朋友感到很奇怪——这音乐一点儿也不吓人啊？怎么当初竟会有人惊声尖叫？

其实，《惊愕交响曲》很"吓人"的最初来源是当年的一位所谓评论人在看过演出之后的比喻：这部作品可以看作是一位美丽的牧羊姑娘正伴着瀑布的流水声入睡，突然被猎枪声惊醒。——这里已经出现猎枪了，随后，"吓人"的谣言越传越神。且别说海顿的本意仅是个玩笑，就算海顿的本意就是要吓得人惊声尖叫，他笔下的音符也不可能让听过炸弹轰鸣的当代人害怕。所以，如果想听那些让自己害怕的音乐，还是不要选择《惊愕交响曲》。

而且，所谓"惊愕"只是误译，《G大调第九十四交响曲》的英文标题是"Surprise"，这个词其实更应该翻译成"惊喜"，或者"惊讶"，不应该是"惊愕"。更别说"Surprise"还是这部交响曲的"英译"，海顿不会说英文，这部交响曲的原标题是德文："有定音鼓演奏"。海顿是在表明，《G大调第九十四交响曲》是一部有定音鼓演奏的交响曲。定音鼓，这件在 19 世纪之后的交响音乐作品中绝对不会缺席的乐器在海顿的年代可是"稀客"，所以，海顿要特意在标题中提示一下听众。

海顿一直是定音鼓爱好者，据说在伦敦排练时，海顿曾问乐手："谁会打鼓？"一位小提琴手回答："我会。"可是这位乐手并没有摸过鼓槌，自然打得一塌糊涂。海顿一把夺过鼓槌，当即示范了标准的"德式"鼓槌使用技法。那位年轻的乐手在惊叹之余还嘴硬："我们伦敦的使用方法不一样，但我可以按您的方法来。"

由于搬运困难，早年间定音鼓这件乐器不是管弦乐队的"标配"，乐队也不会设立专职的打击乐手，海顿在少年时就一直"兼职"定音鼓手，还心甘情愿地背着这件"大家伙"到处走。他早年间的一些交响曲都有两种版本——带定音鼓的版本和不带定音鼓的版本，比如《D 大调第五十三交响曲》，我们现在可以看见不同的版本，定音鼓的使用也各有不同。海顿在伦敦取得成功之时，由于伦敦的乐手普遍技艺较高，乐队规模也比他在埃斯特哈齐的时候要庞大，所以，他心爱的定音鼓终于可以有了用武之地。除了《惊愕交响曲》，海顿在第二次伦敦之行写出的《降 E 大调第一〇三交响曲》就叫《鼓声交响曲》，因为作品的开始是定音鼓的滚奏，这部作品没有像《惊愕交响曲》那样被"误解"。

由于海顿有记日记和写信的习惯，所以，海顿自己记下了一个真实的听起来很"吓人"的故事：

> 1792 年 3 月 26 日的一场音乐会，观众席里的一位英国教士在听到"行板"乐章时，突然陷入深深的绝望情绪之中，因为前一天他曾梦到有人说这段音乐是他的死亡序奏。他马上离席，回家就寝。
>
> 今天，4 月 25 日，我听到了这位教士已经去世的消息……

海顿记述的这部作品是他写于 1779 年的《D 大调第七十五交响曲》，这部作品的第三乐章就是那位教士认为的"葬礼主题曲"，而且他还真的死了！这还不算"细思极恐"，《D 大调第七十五交响曲》还是莫扎特非常喜欢的作品，曾经亲手誊抄过一份总谱。在海顿动身前往伦敦之前，莫扎特曾拉着海顿的手说："海顿爸爸，我可能再也见不到您了。"就在海顿登陆英国取得重大成就之际，比海顿小二十四岁的莫扎特果然在 1791 年的年底去世。

现在，你是否愿意聆听《D 大调第七十五交响曲》呢？

Orfeo 唱片公司 1993 年发行过一张马丁·西加特指挥

斯图加特室内乐团演奏的三部海顿交响曲的专辑，除了"预
示死亡"的《D大调第七十五交响曲》之外，还有《G大调
第四十七交响曲》和《D大调第六十二交响曲》，这三部交
响曲都是莫扎特曾经亲自誊抄过的作品。Naxos唱片公司也
曾发行过一张德国科隆室内乐团演奏《D大调第七十五交响
曲》的唱片，同时收录的是《降E大调第七十四交响曲》和《降
E大调第七十六交响曲》，指挥是赫尔穆特·穆勒·布鲁尔。
请放心，录制这两张唱片的艺术家还都健健康康。

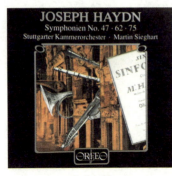
Orfeo版

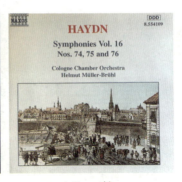
Naxos版

　　相比之下，赫赫有名的《惊愕交响曲》的录音版本就数
不胜数了，老一辈的指挥大师托斯卡尼尼和富特文格勒都留
下过单声道的历史录音，托斯卡尼尼的由RCA唱片公司发
行，乐队是美国国家广播交响乐团。富特文格勒的版本由
EMI唱片公司发行，乐队是维也纳爱乐乐团。托斯卡尼尼和

富特文格勒在艺术审美方面迥然不同，但《惊愕交响曲》的
演绎并没有太大的差异。两个录音的录制时间也比较近，富
特文格勒的录制于 1951 年，托斯卡尼尼的录制于 1953 年。
富特文格勒并不喜欢录音室，但这版《惊愕交响曲》是为数
不多的录音室制作，监制是沃尔特·李格。当时富特文格勒
和李格合作得并不愉快，但李格也属于完美主义者，所以质

托斯卡尼尼版

富特文格勒版

伯恩斯坦版

古乐版

量还是很有保证。

我个人非常喜欢伦纳德·伯恩斯坦指挥维也纳爱乐乐团在 1985 年演奏的《惊愕交响曲》的现场录音，唱片由 DG 唱片公司发行，除了《惊愕交响曲》之外，还收录了《交响协奏曲》。从封面设计上就可以看出，这张唱片和之前介绍过的收录《牛津交响曲》的那张是"姊妹篇"，都在突出伯恩斯坦的"偶像魅力"，不过"偶像"背后是非常优秀的演奏，DG 的这两张海顿是伯恩斯坦晚年和维也纳爱乐乐团贡献的极为优秀的演奏。

至于本真演奏版本，我个人偏爱罗伊·古德曼和汉诺威乐团在 Nimbus 唱片公司的录音，这张唱片还收录了海顿的《c 小调第九十五交响曲》，以及老莫扎特的《玩具交响曲》，这张唱片的曲目安排或许是在"暗示"《玩具交响曲》就是海顿写的？

第二乐章

伦敦"奇迹"

《奇迹交响曲》

　　1791 年 3 月 11 日，以海顿的作品为演出内容的"萨勒蒙系列音乐会"在汉诺威广场音乐厅举行，这场音乐会的下半场演出了海顿新创作的《D 大调第九十六交响曲》。这部交响曲又被称作《奇迹交响曲》，因为当时海顿在伦敦的人气达到了顶点，观众一定要近距离目睹海顿的风采，因此纷纷涌向前台。或许是因为海顿的魅力实在太大，音乐大厅中央上方的大吊灯竟然被"震"掉了！好在观众们都在音乐大厅舞台的前方，所以没有一个人受伤，这真的是"奇迹"，故而《奇迹交响曲》由此得名。

　　不过，这个传说不是真的。

　　证据还是因为海顿的日记：

今天按照新的方式排列了乐队，羽管键琴位于舞台中央，两端最远处各有低音提琴，紧挨着他们的是大提琴，接下来是中提琴和小提琴，羽管键琴空余的位置上有一座高台，上面有一张讲台，供萨勒蒙和协奏声部使用。高台背后逐渐向两侧安放这些乐器的加倍，再往后高高隆起的地方是定音鼓，两侧有小号、大管、双簧管、单簧管、长笛，等等，乐手数目因要演奏的交响曲而定……

海顿在日记中的描述为本真演奏的研究者们提供了当年舞台上乐手的真实情况。对普通乐迷来说，可以先了解一些"背景资料"：到了海顿的年代，交响乐队的正式编制中依然有键盘乐器，羽管键琴仍是不可或缺，乐队并不设置专职指挥，小提琴首席要一边演奏乐器，一边和羽管键琴演奏者合作指挥乐队。

海顿的日记中还记录了《D大调第九十六交响曲》的演出效果：

令人期盼的时刻终于来临，萨勒蒙向观众鞠躬致意之后，乐队成员起身站立，一直站着演奏直到第一乐章结束。萨勒蒙万分激动，观众的热情也达到了极点……

　　这段日记提供的"情报"更有价值：

　　这部交响曲的首演，至少第一乐章，乐手们是站着演奏的——难怪感染力那么强。

　　这也再度证实，当时的观众在聆听交响曲的演奏时，乐章与乐章之间是可以鼓掌的，也是必须鼓掌的，这是表达自己喜欢这部作品的最直接有效的方式，也是作曲家和演奏者乐于见到的效果。

　　海顿的日记里还提到，《D大调第九十六交响曲》首演时，在第二乐章演奏结束之后，观众的掌声更加热烈，要求乐队马上重新演奏一遍。第三乐章结束之后，观众依然要求乐队立刻重演，为此海顿不得不上台向观众致谢，并且谦虚地请求观众不要再要求重新演奏。

　　这场景跟现在的交响音乐会的演出现场相比，显得更像是一场流量明星的见面会或是热门偶像的演唱会，似乎不像是严肃的交响音乐会。我个人觉得，还是海顿那个年代的方式好，如今所谓的严肃音乐和普通听众的距离越来越远，而从业人员似乎还为此得意。海顿的那个年代——至少从海顿的日记中可以看出观众才是真正的"上帝"，同时作曲家也非常享受这种热烈回响。

　　海顿怎么能不享受观众们热烈的掌声呢？要知道，在埃斯特哈齐效力的时候，海顿的作品即使再优秀，听众也不过就是亲王和"朋友圈"的好友，"点赞"者寥寥。现在，海顿真的是在为大众写交响曲，观众们的直接反应可以让海顿在创作时有更好的心情，也让海顿有了明确的创作方向。所以，海顿的一百多首交响曲以最后的十二首——都是受萨勒蒙的邀约创作的，统称为《伦敦交响曲》——最为经典，至今仍是各大交响乐团的保留演奏曲目。

但是，海顿的日记中并没有记载演奏《D大调第九十六交响曲》的过程中发生过什么意外情况，相信如果现场真的发生过"吊灯坠落事件"，海顿一定会记录在日记中的。即使海顿不写，估计当时的媒体也不会错过这么好的"新闻点"。因此只能说，所谓"奇迹"纯属以讹传讹，但《D大调第九十六交响曲》还是以《奇迹交响曲》的名字著称于世。

还有另一种说法："吊灯坠落"不是发生在《D大调第九十六交响曲》的演出期间，而是在演出海顿的《降B大调第一〇二交响曲》时发生的，这部交响曲创作于海顿第二次伦敦之行期间。海顿的第一次伦敦之行创作了从"第九十三"到"第九十八"共六部交响曲，第二次则创作了从"第九十九"到"第一〇四"六部交响曲，十二部交响曲被统称为《伦敦交响曲》。海顿的最后一部交响曲《D大调第一〇四交响曲》也叫《伦敦交响曲》，所以提到海顿的《伦敦交响曲》，一定要特别注明，是两组交响曲的统称，还是特指的最后一部交响曲。

十二部《伦敦交响曲》中，除了"奇迹"和前面文章里提到的"惊愕""鼓声"之外，其他带有标题的还有《G大调第一〇〇交响曲》和《D大调第一〇一交响曲》，"第一〇〇"又叫《军队交响曲》，"第一〇一"又叫《时钟交响曲》。其中"军队"的名字据说是海顿自己起的，于1794年3月31日在汉诺威广场音乐厅首演。据当年媒体的报道："每一个乐章结束之后，观众席中都爆发出热烈的掌声，观众齐声大喊'Encore'（返场），连女士们都放弃了矜持。"——这是海顿有生之年获得的最大的成功。

《时钟交响曲》的名字则来自作品第二乐章的伴奏音型，类似于"滴答滴答"的钟摆，节奏固定且有章可循，这也是海顿十二部《伦敦交响曲》中非常出色的一部。至于最后一部《伦敦交响曲》，也就是《D大调第一〇四交响曲》，更是在首演之后的第二天就成为音乐会的保留曲目，这种"传统"一直沿袭至今。在海顿的十二部《伦敦交响曲》中，为什么只有最后一部拥有"伦敦"的标题，可能是因为海顿在这首交响曲的第四乐章中引用了一段伦敦街头叫卖的音调，故而得名"伦敦"。海顿日后拥有"交响曲之父"的威名，跟他晚年的两次伦敦之行密切相关，正是伦敦之行促使海顿写出了最为重要的几部交响曲，当然也使得他拥有了至高无上的声望。不过，盛名之下，作曲家还是要用作品说话，正如莫扎特评价"海顿爸爸"时说的："既会开玩笑又令人惊恐，既能引得满堂欢笑又能唤起深刻的情感，这一切都做得尽善尽美，能够做到的唯有海顿。"这并不是对海顿的过誉，而是中肯贴切的评价。时间是最好的法官，海顿的交响曲已流传了两百多年，如无意外，还会继续流传下去，大浪淘沙，海顿永在。

由于比较偏爱伦纳德·伯恩斯坦，所以我收了Sony出品的"伯恩斯坦皇家系列"中全部十二首《伦敦交响曲》，由伯恩斯坦指挥纽约爱乐乐团演奏。伯恩斯坦处理的速度稍慢，因此十二首《伦敦交响曲》占了五张CD的篇幅，分成两辑发行，第一辑是3CD套装，收录"第九十三"到"第九十九"七部交响曲，第二辑是2CD套装，收录了"第一〇〇"到"第一〇四"五部交响曲。虽然相比而言，伯恩

伯恩斯坦版

斯坦晚年和维也纳爱乐乐团合作的录音更加精彩、精致，但他和纽约爱乐乐团的合作一样值得收藏。

本真演奏名家克里斯托弗·霍格伍德和他的英国古代音乐学院乐团在 Decca 唱片公司旗下的古乐品牌"琴鸟"也录制过《伦敦交响曲》，其中收有"惊愕"和"奇迹"两部交响曲的单张，绝对是不可不听的演绎。在众多的古乐团当中，我一直非常喜欢霍格伍德和英国古代音乐学院乐团的别致音色，这张唱片就淋漓尽致地体现了他们轻盈怡然的演绎。

本真演奏先驱级别的指挥家尼克劳斯·哈农库特在 Teldec 唱片公司录制的"时钟"和"第一〇二"两部交响曲并没有采用古乐演绎，哈农库特指挥的是荷兰阿姆斯特朗音乐厅管弦乐团，虽是现代乐团，但依旧保持着本真演绎的风格。这张唱片最吸引人的还是封面设计，海顿的头

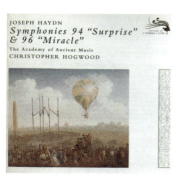

霍格伍德版

哈农库特版

辉煌公司的海顿套装

像就是时钟的背景。

在 20 世纪 70 年代之前，除了《伦敦交响曲》等海顿后期的佳作，海顿早年创作的交响曲很少有唱片问世。随着本真演奏的兴起，海顿的早期交响曲有了越来越多的精彩演绎。特别值得关注的是英国的 Nimbus 唱片公司录制的亚当·菲舍尔指挥奥匈海顿管弦乐团演奏的版本。顾名思义，这是一支以海顿为团名的最"正宗"的乐团。Nimbus 当年发行他们演奏海顿交响曲全集时，号称百分之百还原昔日埃斯特哈齐亲王府上的以海顿为乐长的乐队规模，百分之百的原始曲谱演奏。这套"交响曲全集"后来被荷兰的辉煌唱片公司买下版权，放在了由一百五十张 CD 组成的"海顿作品套装集"中，一百五十张 CD 的套装都不能算是"海顿作品全集"，可见海顿的作品多得真是无法完全统计。

第二乐章